Neo classroom
学級づくりの新時代

Ryoichi Ono

小野領一

はじめに

本書を手にしていただき、本当にありがとうございます。

今、息子は体操教室とピアノ教室に通っています。おかげさまで日に日に上達していっています。3歳にして自分一人で足掛け回りも足抜き回りもできますし、壁倒立も補助なしでできます。親として子どもの成長を間近で見られることは本当に幸せなことです。

先日、友人とZoomでお互いの息子について様々な話をする機会がありました。その中で、ふいにこんな話題が出てきました。

子どもが通っている習い事の先生の「教えるスキル」が高いとは限らないよね。でも、子どもたちは日に日にスキルを身につけていく。これってどうしてだろうね？

その友人もプール教室に子どもを通わせており、めきめきと上達しているとのこと。

たしかに、習い事の先生の「教えるスキル」は決して低くはありませんが、とても優れているわけでもないと感じています。では、一体なぜ子どもたちのスキルが日に日に上達

していくのでしょうか。わたしと友人の考えは全く同じでした。それは、

スキルを上達させるための「仕組み」が整っている

のではないかといったことです。つまり、「スキルを上達させる仕組み」が整っているので、コーチにある一定程度の「教えるスキル」があれば子どもたちのスキルが自然と伸びていくようになっているのではないかということです。

たしかに息子が通っている体操教室では、子どもたちが楽しみながらバランス感覚や足腰の強化ができるように考えられた「サーキット遊び」がデザインされています。体操教室のコーチは基本的に子どもたちを「フォロー」する役割を担っています。もちろん、必要であれば「指導」も適宜行っています。

同じようにピアノ教室でも、子どもたちが楽しみながら音楽的な力の素地を養えるような「仕組み」が考えられています。エレクトーンの効果音を使い、その音からイメージを膨らませておこなう鍵盤表現。音楽を用いた音楽絵本の読み聞かせ。そして歌を交えてピアノの鍵を押すアクティビティ。どれも魅力的で付き添いのわたしも思わず夢中になって

レッスンの様子に見入ってしまっています。ピアノ教室でもコーチは基本的に子どもたちを「フォロー」する役割を担い、必要であれば「指導」も適宜行っています。友人の通っているプール教室でも中身はちがえど、子どもたちが夢中になる「仕組み」が整えられているようでした。

このように、わたしと友人の子どもが通っている習い事の教室では子どもたちの興味・関心が喚起づけられるような「教育環境」と、その中で自然とスキルも上達していく「仕組み」がデザインされていたのです。よくよく考えてみると他の幼児期の習い事の多くも同じようなスタイルです。実はここにこれからの学校教育の在り方のヒントが隠されているのではとわたしは考えています。

日本の教育界では「子どもを指導するためのスキル」をどのように上達させていくかといった「職人的教育技術者」の育成を前提にした教師教育が主流でした。もちろん今もそうです。本屋に置いてある多くの教育書が「職人的教育技術者」の育成を前提にして書かれています。もちろん、「子どもを指導するためのスキル」は絶対に必要です。しかし、従来の「子どもを指導するためのスキル」を上達させていくだけでは中々に難しい時代になってきています。まず、子どもたちを取り巻く環境が大きく変わってきているからです。

情報化、多様化、個別化が進んでいく日本社会とこれまでの日本社会とはもはや別世界といっても過言ではないでしょう。つまり、これまでの日本社会の在り方をベースとして伝承されてきた「子どもを指導するためのスキル」では、これからの学校教育とミスマッチとなってしまうリスクがとても高いのです。実際にあちらこちらの教育現場で従来の「子どもを指導するためのスキル」が通用しない現状に陥ってしまい、どうしたらよいかがわからないといった声も多く聞かれます。

さらには、社会で求められる力と学校教育で育てている力との乖離もどんどん大きくなってきています。先日ニュースで子どもたちの不登校の人数が激増している、教職員の休職する人数の割合が増加しているといった報道がありました。これらも従来の「子どもを指導するためのスキル」を軸とした教育の在り方が今の日本社会とマッチしにくくなってしまっていることを表していると考えられるのです。

このように、「子どもを指導するためのスキル」の上達だけにスポットを当てていくことは、子どもたちにとっても教師にとっても学校にとってもプラスの結果を生み出すとは決して言えなくなってきているのです。では、一体どうすればよいのでしょうか。それは子どもたちの興味・関心が喚起づけられるような「教育環境」とその中である一定程度のスキルも自然に上達していく「仕組み」を開発し、みんなで共有していくことです。

つまり、これからの時代は教師モデルを「職人的教育技術者」から「教育環境デザイナー」に変えていくことで、今の教育界が抱え込んでいる諸問題の解決策となる可能性があるとわたしは考えています。

今、日本社会では「自ら考えて行動する力」をもった人材が求められています。しかし、学校では子どもたちに「自ら考えて行動する力」を身につけさせることがなかなかできていません。その一因は教師が子どもたちに手取り足取りていねいに指導しすぎていることなのです。子どもたちが自ら考えて行動できるようにするためには自分の意思をもち、意見が言えるようになる必要があります。皮肉にもその力を育てる足枷に教師がなってしまっているのです。しかし、ゼロベースから子どもに何もかも決めさせることはかなり難しいでしょう。だからこそ、教師が日々「学びやすい環境」、「興味のある課題」の選択肢を子どもたちに与え、子どもたち自身に「どうするのか？」を決めさせる経験をたくさん積ませていくことが大切なのです。そうすることで、子どもたちに「自ら考えて行動する力」が育っていくとわたしは考えています。また、子どもたち自身で「学びやすい環境」や「興味のある課題」を選択するので、子どもたちは「やらされ感」を感じにくくなり、意欲的に自ら学びを進めてくれるようにもなります。

教師モデルを「教育環境デザイナー」にするメリットがまだあります。今までの日本教育では、結果として「子どもに教師の言うことを聞かせられる」ことが是とされてきていました。もちろん今でもそういった考えは根強いですし、それができる教師が評価されることも多いでしょう。もちろん、緊急時のときなど「子どもに教師の言うことを聞かせられる」ことが時として必要な場面もあるでしょう。しかし、そういった教育活動は民主的な教育活動とは真逆だと感じており、わたしはそのジレンマに悩み続けていました。そのジレンマから抜け出すためのヒントが「子どもたちが楽しみながら学習を進められる教育環境をデザインする」にマインドを変えることにあったのです。そうすることで子どもたちは個々に様々な興味をもち始め、個々のペースで学習を進めるようになります。傍目からこの状況を見るとなんだかごちゃごちゃしていて騒がしく、「子どもに教師の言うことを聞かせられていない」ダメな状態に見えるでしょう。しかし、決してマイナスの騒がしさではないはずです。つまり、世間一般の「育ったクラス」のイメージを一八〇度変えることができるのです。子どもたちの「もっとやりたい！」の気持ちを引き出し、大切にしてあげられる「教育環境」をデザインするといったマインドに変える。そうすることで「ビシッとさせなければならない」といった教師のマインドを手放すことにつながり、教師はずいぶんと精神的に楽になれるのです。わたしたちはもっと予測できない事態を楽しむべきなのです。

今まさに教育界に明治時代の「学制」以来の潮目の時代がやってきたと感じています。明治から一五〇年間続いてきた学校教育システムはもはや限界に達しています。これから学校教育は大きく変わっていくことは間違いないでしょう。しかし、日本の学校教育システムがすぐに抜本的に大きく変わるとは思えません。だからこそ従来の「学級づくり」を大切にしながら、教師の在り方のマインドを「教育環境デザイナー」に変えることで、新しい時代にマッチする「学級づくり」の最適解を導き出せるきっかけとなるのではと考えています。本書では、そんな拙い考えや実践をまとめさせていただいております。

目の前の子どもたちにわたしたちはどう向き合えばよいのか、何ができるのか。本書を読みながら、ぜひ一緒に考えてみましょう。

もくじ

第1章

教育新時代の幕開け

教育活動の主体は誰なのか?

1 「すずめの学校」と「めだかの学校」

チイチイパッパ　チイパッパ
雀の学校の　先生は
むちを振り振り　チイパッパ
生徒の雀は　輪になって
お口をそろえて　チイパッパ
まだまだいけない　チイパッパ
も一度一緒に　チイパッパ
チイチイパッパ　チイパッパ

＊

めだかの学校は　川のなか
そっとのぞいて　みてごらん
そっとのぞいて　みてごらん
みんなで　おゆうぎ　しているよ
めだかの学校の　めだかたち
だれが生徒か　先生か
だれが生徒か　先生か
みんなで　げんきに　あそんでる
めだかの学校は　うれしそう
水にながれて　つーいつい
水にながれて　つーいつい
みんなが　そろって　つーいつい

どちらの童謡もほとんどの人が知っているでしょう。「すずめの学校」は戦前の教室風景を描いたものであり、「めだかの学校」は戦後の教室風景を描いたものです。では、この2つの童謡の歌詞を少し比較してみることにします。

・すずめの学校の先生は　むちをふりふり
・めだかの学校のめだかたち　だれが生徒か先生か

今ではずいぶん使われなくなりましたが、教師になることを「教鞭をとる」ともいいます。教鞭とはかつて世界中の学校で教育用の鞭として黒板を指し示す目的で使用されていました。そしてそれだけでなく、生徒への体罰の目的でも使用されていました。そこから、教師の象徴が「むち」であると認識されるようになり、教師になることを「教鞭をとる」というようになったのです。実際、戦前の教育本やおよそ三〇年ほど前までの戦後の教育本には、子どもに鞭や棒を使って罰を与えていたり、指導と称して子どもに手をあげていた描写が見られます。令和になった今、このような指導をしている教師はほとんど見られなくなりました。しかし、今もなお、多くの先生方が教師の在り方として「めだかの学校の先生」ではなく「すずめの学校の先生」であるべきだといったマインドをもっています。

- 生徒のすずめは輪になって、お口をそろえて
- だれが生徒か先生か、みんなでげんきにあそんでいる

大正から昭和の初めにかけて巻き起こった新教育運動は別として、戦前の日本の学校教育は子どもたちに一斉に指導し、一斉に練習させることが原則でした。そこには子どもたちにとって非常にきびしい規律が存在していました。その情景がすずめの学校の歌詞によく表現されています。

一方、戦後は「すずめの学校」的な教育を推し進めるべきだといった潮流と「めだかの学校」的な教育を推し進めるべきだといった潮流が、まるでふりこのごとく揺れ動いていました。過去の学習指導要領を見てみるとそのことがよくわかります。おおよそ一〇年に一度改定される学習指導要領では、問題解決型学習を中心に据える「経験主義教育」と知識重視型の「系統主義教育」の二つの大きな教育法の間を「ふりこ」のように行ったり来

図1｜学習指導要領の変遷

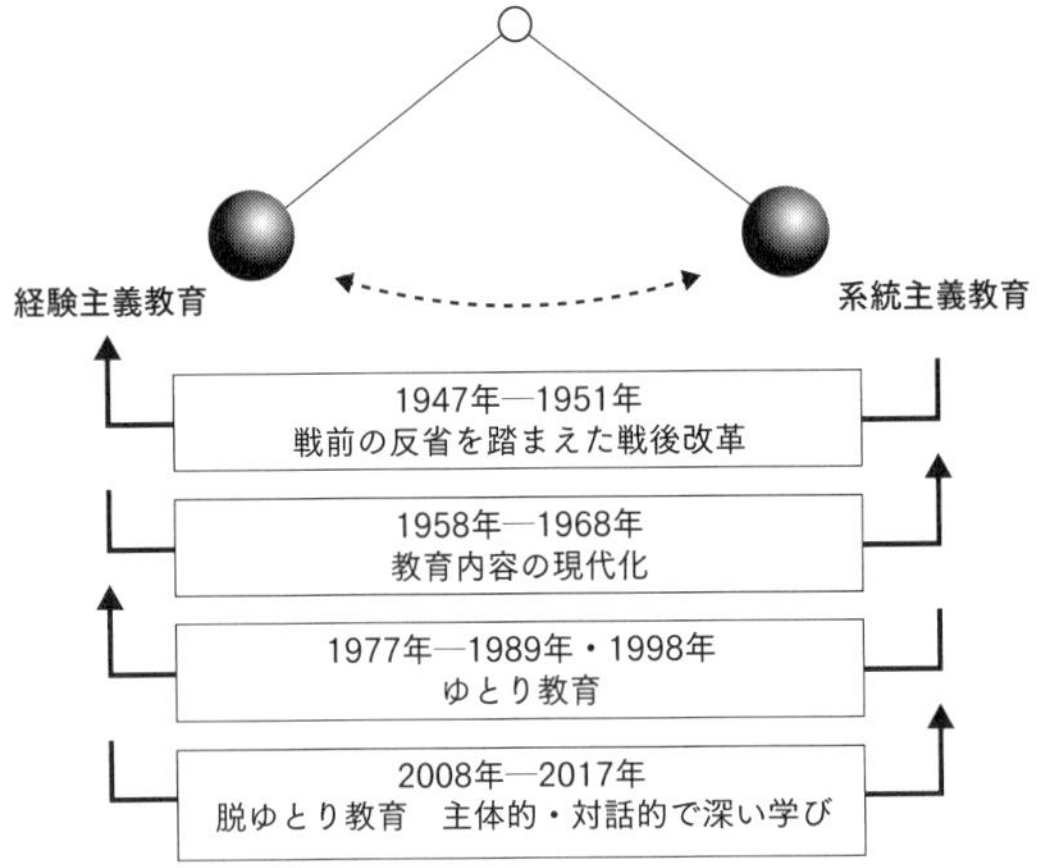

たりしているのです（図1参照）。少し今までの学習指導要領の中身をくわしく見てみましょう。

戦後間もない時期から始まる第一期は、「戦前の反省を踏まえた戦後改革」といえるものでした。GHQの教育担当機関の主導のもと一九四七年に学習指導要領の試案が作成されました。この学習指導要領は、アメリカの哲学者ジョン・デューイの経験主義に大きな影響を受けており、児童中心主義の教育観が特徴です。戦前からの修身、地理、歴史が廃止され、新たに社会科が設けられました。また家庭科や、学年を超えた同好者が集まって行うクラブ活動、児童がそれぞれの興味と能力に応じて教科の発展学習として行う活動も加えられました。しかし、この教育法は伝統的な日本の教育法とは大きく異なるものでした。教え方に戸惑いを感じる教師が多く、また、学力の低下が叫ばれるなど批判も高まりました。

こうした背景をもとに、一九五八年に学習指導要領が全面的に改訂され、第二期の「教育内容の現代化」の二十年が始まりました。この改訂から学習指導要領は試案ではなく、官報で告示され法規制をもつようになりました。当時の日本は高度経済成長期の真っただ中にありました。どんどん工業化していく日本に必要不可欠なものとして、科学技術教育の充実が意識されました。しかし「教育内容の現代化」を推し進めた結果、歴代で一番学習量が多い学習指導要領となり、詰め込み教育や教育内容の消化不良という問題が起こりました。

第二期の「教育内容の現代化」に軸足を置いた学習指導要領では授業についていけない「落ちこぼれ」問題がクローズアップされ、批判が巻き起こりました。そこで「ゆとりある充実した学校生活」が強調されるようになりました。一九七七年に文部省は基礎的・基本的事項の理解に重点を置くことに舵をきりました。そのために、教育内容を精選し、教科の学習内容を一割削減するゆとりカリキュラムの学習指導要領を制定しました。ここから第三期の「ゆとり教育」がスタートしました。基礎的・基本的な学習内容の習熟を重視しつつも、自ら学び自ら考える力を育成し、個性を生かしたゆとりある教育を行うことが重視されるようになりました。その目玉として総合的な学習の時間が新設されます。しかし、総合的な学習といっても、教える教員側に授業方法の蓄積があまりなく、教育現場では「活動あって学びなし」という状況が生まれてしまいました。さらに、授業時数の縮減や教育内容の厳選によって、結果的に基礎的・基本的な学習内容の習熟すらもおぼつかないものとなってしまいました。

こうして、ゆとり教育を推し進めた結果、子どもたちの学力低下を招くこととなってしまいました。第四期の学習指導要領の改訂はその反省として「脱ゆとり教育」に舵をきることとなりました。しかし、今回の改訂では「生きる力」をはぐくむという理念のもと、知識や技能の習得とともに思考力・判断力・表現力などの育成も重視されています。言語や理数の力などをはぐくむための教育内容を充実させ、「活動あって学びなし」といわれた総合的な学習の時間を削減させ、授業時数を再び増加させました。このように戦後の学習指導要領の中でも、ようやくにして経験主義教育と系統主義教育の両者のバランスが意識された内容となりました。

このように、戦後は「すずめの学校」的な教育を推し進めるべきだといった潮流と「めだかの学校」的な教育を推し進めるべきだといった潮流が、まるでふりこのごとく揺れ動いていたことがよくわかると思います。でも、これからの日本社会の未来を考えると、「系統主義教育」に完全にふれることはおそらくもうないでしょう。つまり「めだかの学校」的な教育が主流になってくるはずです。しかし、現場レベルではまだまだ「すずめの学校」的な教育を是とするマインドが根強く残っています。さらに、「めだかの学校」的な教育を推し進めるために、結果として「すずめの学校の先生」になってしまっている教師もまた多く存在してしまっているのです。

【参考図書・文献】

・学習指導要領の変遷（明治大学学術成果リポジトリ）

・小針　誠　二〇一八年『アクティブラーニング　学校教育の理想と現実』講談社

2 教育活動の主導と主体を区別する

わたしは教師主導型の教育は間違っていないと思っています。多くの教育実践は「○○させる」といった使役動詞で語られています。その言葉尻だけを切り取ると、確かに教師主導型の教育においては、子どもの思いなどは二の次のような感じがします。でも、「主導」という言葉を国語辞典で調べてみると〝人がある事柄を中心となって導いていくこと〟と書かれています。「ある事柄」とは、学校でいえば「授業」や「生活指導」のことだと考えるとわかりやすいでしょう。つまり、教師主導型の教育とは、教師が主となって子どもに授業をすることであり、また、トラブルが起こった際には教師が子どもに、どうすべきだったかを教えることなのです。一方、子ども主導型教育だとどうなるでしょうか。子どもが子どもに授業をする。そして、トラブルが起こった際、一方の子どもがもう一方の子どもにどうすべきだったかを教えるといったことになります。そんなことが果たして可能なのでしょうか。もちろん、子どもたちにある程度の問題を解決する力が育てば可能かもしれません。しかし、教師がまったく介入しないということは現実的ではないと、わたしは考えています。「導く」という言葉は〝正しい方向に手引きをする〟と国語辞典にあります。では、正しい方向とはどこなのでしょうか。それは子どもが進むべきゴールだと考えられます。つまり、教師が教育のゴールイメージや授業のゴールイメージを明確にもち、子どもをそこに連れていくことが教師主導型教育だと考えられるのです。しかし、子ども主導型教育になってしまうと、子どもが教育のゴールイメージや授業のゴールイメージをもたなければなりません。たしかに授業のゴールイメージだと子どもでももてるかもしれませんし、しかし、教育のゴールイメージを子どもがもつことができるとは少し考えにくいですし、そうなると教育活動の丸投げにつながってしまいかねません。わたしは、教師主導型教育は間違っていないと思っています。わたしたちが意識しなければならないのが、主導が誰なのかではなく、主体は誰なのかといったことです。つまり、教師が主体なのか、子どもが主体なのかといったことなのです。

大学院研修の際、わたしは日本各地の多くの教室に訪問させていただく機会がありました。その中で子どもたちが生き生きと活動している学級がたくさんありました。そういった学級では日常的に子どもたちが主体的に活動しているといった共通点がありました。そして、各学級とも学級のルールが暗黙知化されており、一人ひとりの子どもたちは安心感をもって生活しているようでした。なかなか言語化は難しいのですが、その学級での当たり前の質が非常に高く、一人ひとりの子どもの言動の質の高さは驚きを隠しきれませんでした。誰かに指示されてから行動することは少なく、自らの意思による言動が多く見られました。でも、子どもたちは四六時中、全力でがんばっているわけでもありませんでした。子どもたちが適度に力を抜いてる場面もあったのです。一斉指導をベースとしている教師の学級であっても、そうではない教師の学級であっても、教室の雰囲気は驚くほど似通ったものになっていたのです。それがわたしの目には、公の場でありながらきわめて素に近い自分を出すことも許されている「ゆるやかな学級の雰囲気」が同時に醸成されていたように見えました。

3 みんながお互いに学び合う「共主体」の教育

ＯＥＣＤ（経済協力開発機構）は一九九七年からDeSeCoというプロジェクトを立ち上げ、複数の国や研究者が参加してグローバル時代にふさわしいコンピテンシーを議論してきています。コンピテンシーとは、日本語で資質や能力を指します。能力といっても単なる知識や技能だけではなく、態度を含む様々なリソースを活用しながら複雑な要求に対応し、多様化する世界を生き抜く実践的な能力のことを指しています。二〇一五年からOECDは「Education 2030 プロジェクト」を進めてきました。このプロジェクトは、二〇三〇年という近未来において子どもたちに求められるコンピテンシーを検討し、そのコンピテンシーの育成につながるカリキュラムや教授法、学習評価について検討していくものです。二〇三〇年に必要なコンピテンシーとしてまとめられたものがOECDラーニングコンパス（学びの羅針盤）とよばれているものです（図2参照）。このラーニングコンパスの中に共同主体性（コエージェンシー）とよばれているものがあります。共同主体性とは、子どもたちの未来を創造していく力を育成するために、保護者や仲間、教師、地域社会の人々などと双方向的にお互いが認め合い、支え合い、学び合う関係性のことをいいます。無藤隆先生（白梅学園大学）はこのことを「共主体」とよんでいます。

二年間の大学院研修で全国の教室を参観させてもらった際、子どもたちが生き生きと活動していた学級をつくっている教師と対話をさせてもらう機会がありました。対話させてもらったすべての教師が、どのようにすれば一人ひとりの子どもたちが生き生きして活動できるかといったことを日々悩みながらも楽しんで教育活動をおこなっていたのです。ま

図2｜ラーニングコンパス（学びの羅針盤）

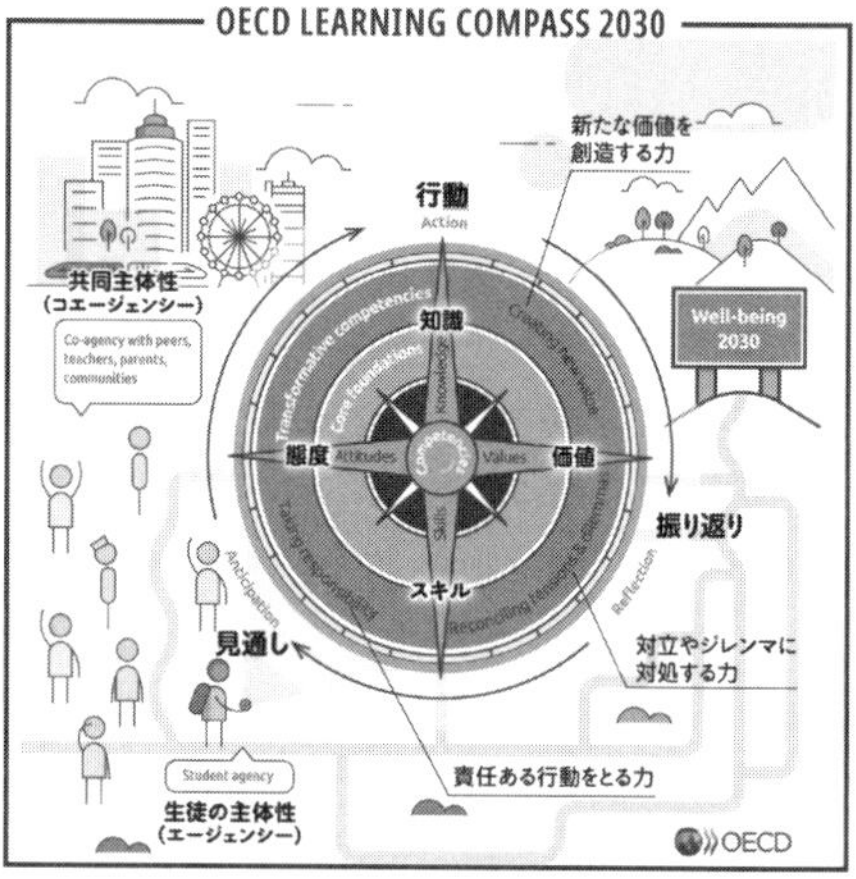

さに教師も主体となって教育活動をおこなっていたのです。もちろん教師一人が主体となるだけでなく、子どもや保護者、地域の人たちも主体となる。校区内の自然環境や文化資本なども活用する。このように、教師だけが教育活動をおこなうのではなく、みんなと手を携えて多様な視点やツールで子どもたちを一緒に育てていくことが理想でしょう。しかし、今の社会情勢的にそのことが難しくなってしまっています。わたしが小学生だったころは保護者も巻き込んだお楽しみ会がありました。授業中に学校を飛び出して先生やみんなと裏山の野草や虫取りをしたり、近所のおじさんが開催してくださった夜の学校での星空観賞会もありました。こういった学校の「ゆるやか」さが認められていた時代をなつかしく思い出し、今の学校の在り方に少しさみしさを感じます。

わたしたちは「子ども主体」であらなければならないといった無意識の鎖の中で、教師が子どもを引っ張っていくことを避けてはいないでしょうか。一方、「教師主導」の教育を推し進めている教師も、子どもの声が聞こえなくなっているかもしれません。子どもたちの未来を創造していくための力を身につけさせるために一斉指導であれ、自由教育であれ、どんどん教師自身が主体的に考え、実践することが大切なのです。教師主導で進めながら、みんながお互いに主体となって学び合う「共主体」を意識した教育活動を模索し、実践していくことが大切なのです。

【図・引用】

・未来を切り拓くコンパスとなる力を持とう！（コレイマNO.13）

【参考図書】

・『新　幼児と保育』小学館　二〇二〇年　四・五月号

・『新　幼児と保育』小学館　二〇二〇年　十二・一月号

従来の日本型教育のおわりのはじまり

1 情報化の波

　令和の今、従来の日本型教育を推し進めていくことが非常に難しくなってきています。その理由の一つとして情報化の波が学校現場に押し寄せていることが挙げられます。多くの教師は自らが幼少のころ受けてきた教育活動の焼き増しをおこなっています。つまり、多くの教師の教育活動の軸となっているのが、自身が幼いころに受けてきた教育活動の中で記憶に残っているものが多いのです。しかし、そのことが大きな問題となるのです。

　その当時、社会的に大きく問題にならなかった教育活動でも今では不適切だと判断される実践や今の時代のニーズとはミスマッチな実践も多くあるからです。ただし、昔の日本社会ではたとえ不適切な教育活動だと感じていても、保護者や子どもたちが声をあげにくかった社会的風潮があったことは押さえておきます。例えば、見直すべき教育活動の一つとして給食指導があがることが多くなってきています。

今も多くの教師が給食で完食指導をしていることでしょう。その完食指導が問題だとされているのです。二〇一七年、ある小学校教諭が子どもに給食を強要し嘔吐させた事件がありました。このような給食に関する行き過ぎた指導を給食ハラスメントと呼びます。具体的に給食ハラスメントの一例として次のようなことがあげられています。

・嫌いな野菜が食べられず、五時間目以降の授業中にも食べることを強要された
・食べ終わるまで別室に連れていかれた
・無理やり口に入れられた
・完食できなかった班は連帯責任でペナルティを受ける　　など

これらは明らかに人権侵害であって、教育活動でも何でもありません。こんなことは言うまでもなく許されるはずもありません。量が多くて食べられない。アレルギーなので食べられない。このように誰しもが納得できる理由があれば残すことも理解できますし、認

められるべきでしょう。食べられる量は個人差がありますし、体調によっても食べられる量は変わるからです。でも、ただ嫌いだから食べたくない、見た目がまずそうだから食べたくない、何となく食べる気分ではないから残すといったことは教育上問題があるでしょう。食べ物を粗末にしてもよい。作ってもらった料理を残してもよい。わがままな態度が許される。こういった考えを子どもたちにもってほしくないからこそ、給食指導を厳しくしている先生が大半だと思います。

しかし、情報化が発達した今、巷に溢れる情報を受け手の都合のいい部分だけを無意識的に切り取って取捨選択をし、偏った理解をしてしまう人が多く見受けられます。給食ハラスメントもそうです。給食ハラスメントといった言葉が独り歩きして、無意識的に都合よく使われてしまっているのです。

この傾向は子どもたちにもみられます。むしろ、今の子どもたちはデジタルネイティブと言われているように、わたしたちの想像の範疇を超えた情報との付き合い方をするでしょうし、今後ますますその流れは加速するでしょう。情報をたくさんもっている子どもや保護者とどのようにうまく付き合っていけるのかを、今一度考えていかなければならないでしょう。

2 多様化の波

さきほどは給食指導だけを取り上げましたが、二〇〇〇年代の後半あたりから学校現場では昔から当たり前におこなってきた様々な教育活動が不適切ではないかといった声が日本社会の中であがるようになってきました。今、学校現場ではその他にも様々な配慮を求められるようになっています。

情報化が進んだことと多様化を認めるべきだといった声が大きくなったことが学級づくりをとても難しくさせているとわたしは考えています。教育に関してはあらゆる人が評論家になると言われています。その理由は、誰もが当事者であるために誰もが議論に参加しやすいところにあるからです。そして、その参加者の大半が「自分の経験」という視座だけでしかものを語れないために議論は簡単に「雰囲気」に流されてしまう傾向が強いのです。情報化が進んだ社会では情報が巷に溢れるようになりました。その情報を都合のよい部分だけを無意識的に切り取って取捨選択をして偏って理解してしまい、自分なりの狭い価値観だけで教育を語ってしまう人が多くなってしまったと考えられるのです。もちろん、数多くある情報をうまく活用し、ある分野において教員よりも知識をもっている人もいます。学校にはそんな保護者が入り混じっています。だからこそ、保護者が学校に何か意見を述べてきたとき、学校側がマインドをアップデートすべき内容もあれば、そうではない偏った内容もあるのです。学校現場にそれらすべてを個々に対応することは人材的にも環境面でも非常に難しいでしょう。さらに、小学校現場では学級担任は原則一人です。個々に対応なんてできっこありません。そんな状況でありながら、ただの一度の失敗もゆるされないのではないかといったプレッシャーを教師が感じる社会的風潮もあります。実際に許されなかった事例も聞いています。

北海道の堀裕嗣先生が以前こんなことをおっしゃっていました。

「昔の日本社会は、多様性は認められていなかったが他者への寛容さがあった。でも、今の日本社会は、多様性は認められるようになったが他者に不寛容になってきている」。

多様性が認められれば認められるほど事象のラベリング化が進みます。目の前にある事象はラベリングに即して白か黒の判断をされ、グレーの判断が認められにくくなってきています。つまり、皮肉なことに多様化が進めば進むほど、ラベリング化が進みアバウトな判断が認められにくくなってしまい、寛容さが失われてしまっているのです。つまり、多様化が進めば進むほど他者への不寛容さにつながってしまっているのです。もちろん、何をもってマジョリティなのかマイノリティなのか。そして、わたし自身がマジョリティとされている立場で活動することが多いからこそ、マイノリティの立場の人たちの苦しみや悲しみに気がつけていないことも大いにあることは承知の上です。

学校現場では情報化の波だけではなく、この多様化の波が押し寄せています。多様化の名のもとにラベリングされた事象に対し、社会的に正解とされている判断がいつでもどこでも求められるようになりました。それはたとえ初任者であったとしてもです。保護者が自身の子どもの受けている教育実践の是非の判断をするための情報が手軽に手に入るようになったからです。結果として、チャレンジングな実践ではなく、リスクをどのように回避すればよいかを第一に考えた実践をおこなう傾向が強まってきているようにも感じます。

多様化を吹聴する社会と逆行して、多様化といったラベリングされた枠組みの中でしか多様性を判断できなくなってしまった教師を、まるで金太郎飴のように大量生産してしまっていないでしょうか。そこに、果たして本当に教員の多様性は存在しうるのでしょうか。

情報化、多様化が進んだ今、学級担任一人で学級づくりをすることはとても難しくなっていますし、これからますます難しくなっていくことでしょう。もう、教師一人がマンパワーでどうにか対応できる時代はとうに過ぎ去ってしまっているかもしれないのです。

3 GIGAスクール構想で起こってしまう学級崩壊

コロナ禍により、GIGAスクール構想が急速に進みました。このGIGAスクール構想が学級崩壊の要因の一つになってしまう可能性があります。

わたしは学校現場とタブレットの相性は非常に悪いと考えています。日本の教育現場では、教師が子どもたちをハンドリングすることを前提で教育活動や教育環境がデザインされています。そこにGIGAスクール構想の大号令のもと、子どもたち一人に一台ずつタブレットが配布されました。一人一台のタブレットは子どもたちの「個別化」を進めていくことになります。もちろんこれからの日本教育のキーポイントは「個別最適化な学び」です。タブレットが「個別最適な学び」を進めていく上で大きな役割を担っていくことは間違いないでしょう。しかし一方で、子どもたちの学習の「個別化」が進むということは、教師が子どもたちを一律一斉に指導することが難しくなることにもつながるのです。つまり、教師が子どもたちをハンドリングして教育をすることが難しくなってしまうのです。

子どもたちをハンドリングすることを是として疑わない教師は非常に苦しい状況に追い込まれてしまいます。多くの教師は子どもたちをハンドリングできないと感じると、より一層子どもたちをハンドリングしようと管理の色合いを濃くします。その結果として子どもたちと教師との関係性が悪化してしまい、学級が機能不全に陥ってしまうリスクがうまれるのです。一人一台のタブレットが要因で機能不全に陥ってしまう学級が出てくるのです。

情報化、多様化が進み、タブレットも子どもたちに一人一台配布された令和の今、もはや教師が子どもたちをハンドリングすることは困難を極めると言わざるを得ないでしょう。この傾向はこれからもますます進んでいくことでしょう。従来の日本型教育の多くが子どもたちをハンドリングすることをベースとしてデザインされているからです。タブレットを教師の管理のもとで子どもたちに使わせればいいのではないかといった意見もあるかもしれません。文部科学省の中央教育審議会初等中等教育分科会は二〇二〇年代を通じて実現すべき「令和の日本型学校教育」の姿は〝多様な子供たちの資質・能力を育成するための、個別最適な学びと、社会とつながる協働的な学びの実現〟だとしています。つまり、タブレットを教師の管理のもとで使わせるということは「一律一斉な学び」となり、これからの時代に求められる「個別最適な学び」とは真逆の教育活動になってしまうのです。

このように、情報化、多様化、ＧＩＧＡスクール構想が学校現場に入ってきた今、従来の日本型教育ではもはや立ち行かなくなってきています。いよいよ従来の日本型教育のおわりのはじまりの時代がやってきているのです。もうこの流れを止めることはできないでしょう。

4 日本の教育の在り方の見直しが迫られている

日本の教育の在り方の見直しが喫緊の課題となっています。

明治以降、日本は欧州などの先進国をキャッチアップモデルとして国づくりを推し進めてきました。第二次世界大戦後は、アメリカをキャッチアップモデルとして日本は世界有数の先進国までのぼりつめることができました。その成果はデータにも表れています。バブル景気の最終年とされている一九九一年には日本の一人当たりＧＤＰはイギリスの一二〇％、アメリカの八五％にまで達したのです。実は明治維新から約一五〇年続いてきた先進国をキャッチアップモデルとしてきた国づくりがこの時点でほぼ完了していたのです。しかし、それから約三〇年。日本はほとんど何も変わってきませんでした。そのツケが様々なところで表出してきています。二〇二〇年代になった今、ようやく日本の産業構造が少しずつ変容してきています。しかし一方で、日本の教育は相も変わらず先進国をキャッチアップすることを前提とした教育システムのままになってしまっています。

第二次世界大戦後の日本の企業ではアメリカといったお手本をマネすることが社会的に求められていました。そうすることである程度の成功が担保されていたからです。企業が命じた通りに働いてくれる人材、余計なことを考えない素直な人材を重宝していた理由はそこにありました。

- 日本の多くの教育現場では、子どもたちは常に受け身の姿勢であることが是とされる
- 教師から与えられた課題を解くことを主として教育活動が進められている
- 子どもは暗黙的に学校のルールに従うことが是とされ、学校といった組織の枠組みに子どもをはめこませる
- 学校といった組織の枠組みにおさまらない子どもは劣等生と一方的に判断される

といった教育が今も一部でおこなわれています。この教育方法で育成される人材とこれまでの日本社会が必要としてきた人材との親和性が非常に高かったこともあり、あまり問題視されることがなかったと考えられるのです。

ここ最近ＶＵＣＡという言葉を聞くことが増えてきました。ＶＵＣＡとは、Volatility(変動性)、Uncertainty（不確実性)、Complexity（複雑性)、Ambiguity（曖昧性）の頭文字を並べた造語です。ＶＵＣＡの時代は将来の予測が非常に難しく、変化が非常に激しい時代のことをさします。今、ＶＵＣＡを加速させる出来事が起こっています。新型コロナウイルス感染症（ＣＯＶＩＤ－19）の世界的な流行です。コロナ禍がいつ終息するのか、今後どのように推移していくのか誰も何もまったく予測がついていません。まさに新型コロナウイルス感染症が出現した状況はＶＵＣＡそのものだと言えるでしょう。

これからの日本社会は少子超高齢化社会、社会のデジタル化への対応などが急がれます。まさに今後の日本社会は先行きの見通せない、誰もが予測できないＶＵＣＡの時代へとさらに進んでいくこととなるでしょう。少子超高齢化社会、社会のデジタル化などの諸課題は国際的に先例のないものばかりです。このことから日本は「課題先進国」と言われています。国際的に先例がないということは自らで諸課題の解決策を考えなければなりません。

だからこそ新しい環境に適応した新しい発想ができる人材がこれからの日本社会では必要なのです。このように従来のアメリカにキャッチアップすることを前提としていた産業構造の大きな転換が訪れることは間違いありません。そして、産業構造の転換はやがて教育の転換にもつながっていくことでしょう。

しかし、すぐに教育の転換が起きるとは考えにくいとも感じています。学歴社会などは最たる例でしょう。学歴社会で勝ち上がった人達が今の社会を支配している世の中になっているからこそ、社会的に学歴を崩すことが難しいのです。でももう日本には時間がありません。日本社会の課題を先送りすることなんてもうできないからです。だからこそ、日本の教育の在り方を今一度危機感をもって早急に社会全体で見直すべきなのです。従来の日本型教育のおわりのはじまりがすでにはじまっているのですから。

【参考】

・出口治明　二〇一五『人生を面白くする 本物の教養』（幻冬舎）

これから求められる令和型学級づくりを考える

従来の日本型教育と欧米型の教育

学校教育を大きく変えていこうとする社会の流れは今後ますます大きくなっていくでしょう。しかし一方で、学校教育は中々大きく変われないのもまた事実です。学校教育を大きく変えていこうとする社会の流れと学校現場でおこなわれている教育との乖離がこれから大きくなっていくことは間違いないと考えられます。乖離が大きくなればなるほど従来の日本型教育に基づいておこなわれている授業づくりや学級づくりがより一層難しくなっていくと考えられます。では、従来の日本型教育を手放すことが果たして本当にいいのでしょうか。わたしはそうは思っていません。日本が明治以降築き上げてきた日本型教育を手放すことはあまりにももったいないと考えているからです。

よく日本の教育の欠点として、「詰め込み型教育」「子どもたちの個性が伸びない」「偏差値至上主義」などが挙げられます。一方、欧米の教育は「子どもたちは自由に興味のあることを学べる」「子どもたちの個性が尊重されている」「偏差値という概念がない」と紹介されることが多くあります。たしかに日本で紹介されている欧米の教育は子どもを中心にデザインされており、欧米の教育を子ども軸で比べれば日本の教育は「遅れている」ように見えるかもしれません。しかし、欧米の教育にも課題があるのもまた事実なのです。それは教育格差です。教育格差とは、「生まれ育った場所や環境によって、受ける教育の質に格差が生じること」とされています。ここ最近、日本では教育格差が拡大してきていると話題にあがることが増えてきています。しかし、欧米の教育格差は日本のそれとは比較になりません。アメリカでは非識字者の成人が総人口の八%にあたる一六〇〇万人いると言われています。イギリスでも一年間の学費が五〇〇万円もする私立高校がある一方で、一部の公立底辺校では校内で麻薬売買がされることもあるので学校入り口に金属探知機が設置されています。フィンランドでも生徒の自主性に任せたことで理系離れが起こり、深刻な医者不足が起こっているそうです。さらに、二〇一六年に実施された調査での九年生（日本の中学三年生）の生徒のうち三分の二が「パーセントの計算」を理解していないことが判明しているのです。一方、日本では全国津々浦々どこでも、ある一定程度の教育水準が担保されています。どこかの離れ小島の学校であっても大都市圏の学校であっても教育水準が著しくちがうといったことはありません。日本人の識字率はほぼ一〇〇%ですし、学校格差も欧米と比較してそこまで格差があるとは言えません。いつ、何を勉強するかが一律に細かく決まっていて、ちゃんと全国民に網羅するようなかたちで教育環境が等しく整えられているからです。これらのことからも日本の教育は欧米と比較して教育格差が少ないことがよくわかります。もちろん、日本でも大都市圏に住んでいる人の方が地方に住んでいる人々よりも様々な教育を受けられる機会が多いのもまた事実としてあります。

日本の教育について様々な課題があることは間違いないでしょうし、今後従来の日本型教育では立ち行かない事態もたくさん起こるでしょう。しかし、先人がここまで築き上げてこられた従来の日本型教育の質の高さもまた忘れてはならないと思うのです。

従来の日本型教育、欧米の教育（特に北欧系の教育）のどちらかといった二項対立ではなく、どちらも取り入れるハイブリッド型の新しい日本型教育を、令和型学級づくりを今後模索していくことが必要なのではないのでしょうか。

【参考文献】
・9年生の3分の2がパーセンテージを計算できない　二〇一六・四・二十五
https://yle.fi/news/3-8835412

2　これからの時代の学級づくりのヒントは生徒指導の難しい学校にあった

本書では授業づくりと学級づくりを合わせたものを学級経営だと考えていきます。なお、授業づくりと学級づくりはお互いに影響し合っているもので決して切り離せるものではないことも申し添えておきます。そのことを踏まえて、新しい時代の学級づくりについて考えていこうと思っています。

これからの時代に求められる令和型学級づくりのキーポイントになるのが、教師が子どもをハンドリングし、コントロールしようとするマインドを手放せられるかどうかです。実はこのヒントが生徒指導の難しい学校にあるのです。

わたしは生徒指導が難しいとされている小学校に二校、合わせて十年以上勤務してきました。勤務し始めた当初、わたしは教師の決めたルールを守っていない子どもたちには厳しくビシっと叱っていました。しかし、叱れば叱るほど子どもたちとうまくいかなくなり、少しずつ学級の雰囲気が悪くなっていきました。若かったわたしは学級づくりのうまくいかなかった原因を自身の指導の甘さにあると考えていました。しかし、その考えが一八〇度変わることになる出来事がありました。

わたしが三年目のときのこと。前年度大荒れした五年生を担任したことがきっかけでした。その学級は生徒指導の絶えない学級で、低学年のころから過半数の子どもたちが落ち着いて授業を受けることができない状況が常態化していました。四月の新年度当初から、当たり前のように多くの子どもたちがエスケープを繰り返していました。もちろん、そんな状態の学級なので学級担任の決めた細かいルールなんて守るわけもなく、子どもたちを厳しく指導をすると反対に逆ギレされてしまう始末でした。そこでわたしは思い切って二つのことだけを軸に学級づくりを見直しすることにしました。わたし自身の指導行為に関しては、問題行動に対して注意はするが深追いはしないことにする。他人が迷惑だと感じることはしないようにする。これが功を奏して、その学級はルールを著しく逸脱する子どもが少しずつ減っていき、一年間で随分学級は落ち着きを取り戻しました。

では一体なぜ学級は落ち着いたのでしょうか。

当たり前のことですが、学校のルールや自身で設定した学級のルールを教師は子どもたちに守らせようとします。しかし、ルールを守らない子どもたちがいれば、わたしたちは設定したルールを守らせようと躍起になります。それでもルールを守らない子どもたちがいれば、わたしたちも人間なのでその子どもたちを少しずつ疎ましく思ってしまうでしょう。叱られてばかりで教師に不信感を抱く子どもたち。学校のルールを守らない子どもたちを疎ましく思う教師。こんな状況になってしまったら何もうまくいくはずがありません。

子どもを育てるためのツールとしてルールがあるにも関わらず、わたしはいつの間にか子どもたちにルールを守らせることを目的にしてしまっていたのです。

・体操服の長ズボンはなぜダメなのか？
・きちんと三角座りができていない子どもは本当に行儀が悪いのでしょうか？
・授業中にノートは絶対とらなければならないのでしょうか？
・授業中に興味のあることを思わず口にしてしまうことはそんなにダメなことなのでしょうか？

・なぜ学校以外で習ってきたことを学校の学習で活用してはいけないのでしょうか？

ふと考えてみると学校の中で相当数のルールが敷かれていますが、その多くのルールがなぜ必要なのかをわたし自身がきちんと説明できなかったのです。みなさんの学校、学級にも存在意義を見失ってしまっているルールはありませんか。おそらくあるでしょう。でもそんなルールなのにも関わらずわたしたちは子どもたちにルールを押しつけ守らせようとしていませんか。いわゆる学校で問題児とよばれている子どもたちは、学校のルールといったフィルターを通すからこそ問題児になってしまっているのです。学校のルールに適応できる子どもは優等生。学校のルールに適応しにくい子どもは問題児とされてしまっているのです。つまり、学校のルールのせいで問題児がうまれてしまっている側面があるのです。公立校であっても、地域によっても、学校によってもルールは様々でしょう。ある学校では問題児とみなされていた子どもも別の学校では問題児とみなされないといったことも起こり得るのです。今、目の前にいる問題児とよばれている子どもたちは本当に厄介者なのか。学校のルールといったフィルターのせいでわたしたちは子どもたちの本当の姿を見失ってしまっているかもしれないのです。

ルールをかなり削ぎ落したことで余裕をもって子どもたちと接することができるように

なり、わたしは子どもたちを叱る回数がぐっと減りました。さらに今まで見えていなかった子どもたちの困り感、そして子どもたちのステキな姿も見えるようになりました。子どもたちはわたしに叱られる回数がずいぶん減ったことと、自分をちゃんと見てくれていると感じるようになったようで、反発する子どもがだんだん少なくなっていきました。

一方で、学校のルール、校則は必要だといった意見もあるでしょう。社会人になったときに、所属する場でルールを守れるようになるために校則は必要である。教師のコントロールが利かず自由さが行き過ぎてしまうと学校が無法地帯になってしまうおそれがある等々。わたしはルールがまったく必要ないとは考えてはいません。必要なルールもあるでしょう。わたしは、学校のルールには二種類あると考えています。それは、誰しもが納得できる存在意義を説明できる学校のルールと、そうではない学校のルールです。例えば、誰しもが納得できる存在意義を説明できる学校のルールとして、他人への迷惑をかける行為と自分自身を大切にしない行為がこれにあたるでしょう。一方で説明できないルールについて、例えば、体操服の長ズボンはなぜダメなのかで考えてみるとわかりやすいかもしれません。体操服の長ズボンがダメな理由を万人が納得できるかたちで説明できるでしょうか。このような視点で考えると学校のルールの在り方を見直すことができるでしょう。

わたしの学級では前者のルールはきちんと子どもたちが納得できる形で守らせ、後者のルールは学年、学校と折り合いをつけながら可能な限り緩めていきました。

生徒指導の難しい学校では、教師のコントロールがまったくといって言いほどきかない子どもが一定数在籍しています。新年度一日目からエスケープをする子ども。教師の指導に納得できなければすごんでくる子ども。そんな子どもたちをルールでガチガチに縛ったり、ルールを守らなければ教師が手をあげたりして子どもたちを無理やりにおさえつけたりして、コントロールできた時代はとうに終わりを迎えているのです。でも実は、今でも生徒指導の難しい学級をどうにかする方法があるのです。それは子どもたちをハンドリングし、コントロールしようとするマインドをわたしたちが捨てることなのです。コントロールできないのにコントロールしようとして教師と子どもたちとの関係が悪化してしまい、そんな状況に陥ってしまった自分自身の不甲斐なさを感じてしまうのです。そして、どんどん教師は追い詰められていきます。子どもたちが比較的落ち着いている学校から生徒指導の難しい学校に異動されてきた教師がぶつかる大きな壁がここにあるのです。この事例はまさにいま大多数の学校でこれから起ころうとしていることの解決策のヒントとなり得ると感じています。

3　令和型学級づくりのキーワードは「秩序」「遊び」「自己選択」

これからの時代に求められる令和型学級づくりのキーポイントになるのが、教師が子どもをハンドリングし、コントロールしようとするマインドを手放せられるかどうかです。では、実際にどうすればよいのでしょうか。

・子どもたちを中心に据えた教育実践にチャレンジがしたい
・これからの時代は子どもたちを中心に据えて教育をおこなわないとダメなのは何となくわかってはいるんだけど…

このように現状を打破したいと考えている人も多いと思います。でも、子どもたちを自由にさせすぎて学級が機能不全に陥ってしまうリスクがあるのではと考えている人も多いでしょう。一方で実際に子ども主体の教育実践にチャレンジをしたがうまくいかなかったといった声も聞きます。自身の実践を同僚や上司になかなか理解してもらえなかったといった声も聞きます。かくいうわたしもＳＮＳや教育書で紹介されている子どもたちが主体となっている教育活動に憧れを抱き、追実践をしてうまくいかなかった一人です。

今の学校は教師が子どもたちをハンドリングし、コントロールすることを前提に成り立っています。環境面、指導面、カリキュラムなどすべて教師が子どもをコントロールする前提でデザインされています。そんな状況下で教師が子どもをコントロールしようとするマインドをかんたんに手放すことはかなり難しいでしょうし、子どもたちが完全に主体となった教育活動を展開することもとても難しいでしょう。

でも一方で、従来の日本型教育のもとで培われてきた素晴らしい実践知やスキルがたくさんあります。それらをうまく活用し、従来の日本型教育とこれから望まれる教育とをうまく融合させて実践することが、これから大切になってくるのではないかとわたしは考えています。もちろん日本の学校教育の在り方が抜本的に見直されれば話は別です。しかし、すぐに日本の学校教育が抜本的に見直されることは残念ながらおそらくないでしょう。

これから求められる学級づくりの肝は「学びの環境づくり」となるでしょう。「学びの環境づくり」とは、子どもたちが主体的にそして、意欲的に様々なことにチャレンジしていける教育環境をデザインするということです。つまり、子どもたちの知的好奇心をくすぐるような事象にどのようにして出会わせてあげるかを教師がデザインするということなのです。子どもたちに何をするかをゼロベースから考えさせることは、かえって子どもたちを混乱させることにつながりかねません。ゼロベースからでも考える力のある子どもたちなら生き生きと活動に取り組むかもしれません。しかし、そうではない子どもたちにとっては何をしていいかわからない苦しい時間を過ごすことになりかねません。実際にイギリスの教育社会学者B・バースディンも、子どもの主体性が重視される教育方法は中産階級の子どもたちにとっては適応しやすいが、そうでない子どもたちにとっては適応が難しく、格差が開いてしまうと指摘しています。子どもたちに何をしたらよいかわからないような苦しい時間を過ごさせないように教師がフォローできればいいのですが、多くの教師にそんな余裕はないでしょう。子どもたちに学びについての無用な失敗体験を積ませることはできるだけ避けるようにしてあげたいのです。だからこそ、個々の子どもたちがそれぞれにやりたいことや興味のあることを自ら選べるように教師が事前準備をし、子どもたちが楽しみながら集中して課題に取り組める教育環境づくりをすることが大切なのです。子どもたち自身でやりたいことを見つけさせ、学びのコントローラーをもつ経験を積ませていくことが、結果として子どもたちの主体性を育むことにつながるのです。

そのための三つの柱として、「秩序」「遊び」「自己選択」を意識して教育環境をデザインしていくことが有効だと考えています。

第2章

令和型新教育観への アップデート

令和型新教育観にアップデート

教育観をアップデートさせる

わたしたちは教育観をアップデートさせる必要があります。

わたしたちの教育観は従来の日本社会で培われてきました。従来の日本社会では多くの企業がピラミッド型組織になっており、上意下達のトップダウンが一般的でした。学校も上意下達のトップダウン的な教育が一般的で、子どもは教師や大人に指示され、教わらなければならない存在だと考えられていました。

これからの日本は課題先進国となります。そんな日本で必要とされる力は前例のない困難な課題を解決する力です。この力を育てるために学校教育はトップダウン的な教育だけではなく、ボトムアップ的な教育も求められることになります。つまり、学校は子どもたちの中にある追究する力、学ぶ意欲が発揮できるような支援をおこなうことが求められるようにもなるのです。そのための教育技術をわたしたちは学ぶ必要があります。

多くの人が短絡的に教育技術を追い求めます。その理由はすぐに結果を出したいからです。もちろん、教育は何をもって結果が出たのかといったことを定義することはなかなかに難しいでしょう。しかし、子どもたちが何だか生き生きしていない、子どもたちと何だかうまくいかないといった閉塞感を感じると、わたしたちはすぐにどうにかしたいといった思いにかられます。だから短絡的に教育技術を追い求め実践するのです。その結果、子どもたちの様子が大きく変わることもありますが、それは一発花火的でしかないことがとても多いことをみなさんも感じたことがあるでしょう。

なぜ一発花火的な結果しか出ないのでしょうか。このことをクリアに説明できる理論としてアイスバーグ理論（図1参照）を紹介したいと思います。

ものごとの成果や結果というのは氷山の一角のように見えている、ごく一部にしかすぎないのです。授業がうまくいかない。学級の状況が芳しくない。こういった問題が起きたときに、その出来事を単独で捉えても解決することはほとんどありません。その理由は、起こった出来事に対してわたしたちにできることが対処療法ばかりになってしまうからで

図1｜アイスバーグ理論

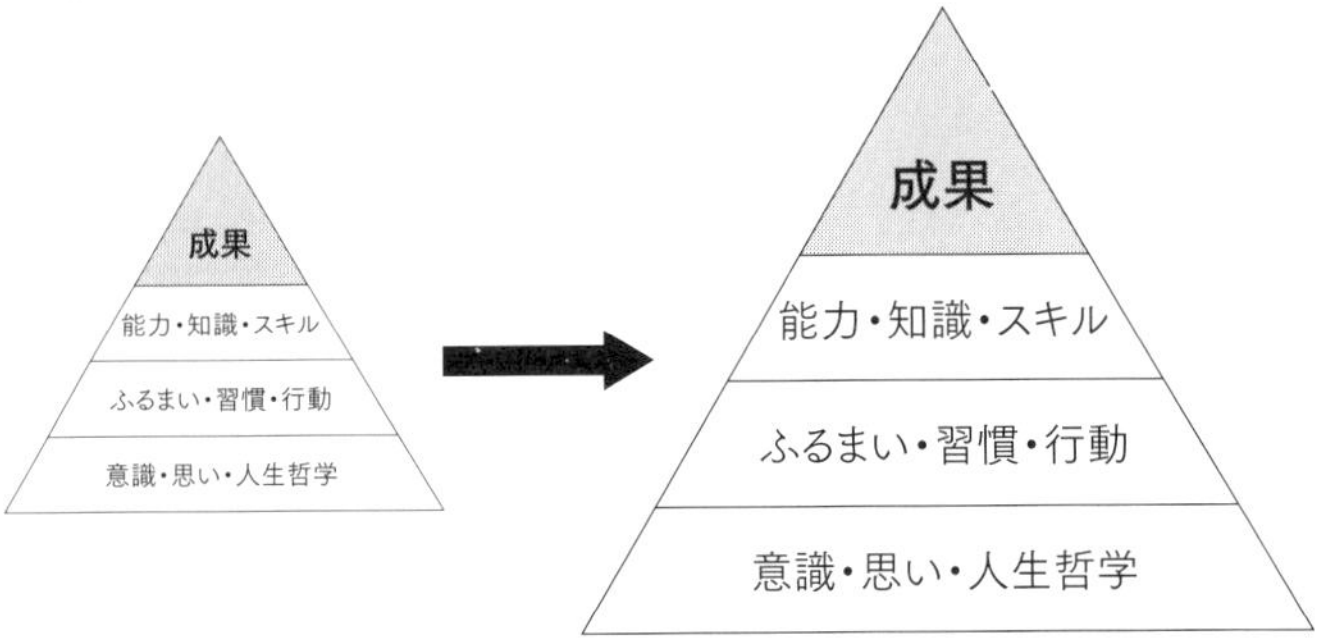

下の層が大きくなれば、成果が大きくなる

す。なぜうまくいかないのかを考えるときに大切なことは、自身の行動パターンを見直すことです。そうでなければいつまでたっても同じことを繰り返してしまうことになってしまうからです。目の前の出来事に一喜一憂するのではなく、原因が一体何なのかを見抜くことが大切なのです。

多くの人はうまくいかない原因を自身の知識、能力やスキルの不足に拠るところだと考えます。だからこそ、世の中に溢れる本や情報商材などはこの類のものが多いのです。人は何か困ったことがあると、まず知識やスキルを身につけ、能力を向上させようとするからです。しかし、先ほども述べたように、実際に本や情報商材を買ってみたり、セミナーに参加をしても、思うような成果や結果が出なかったという経験をされた方が多いでしょう。実は目に見える成果の下には目に見えない三層の要因が存在しているのです。一般的に重視されがちな能力、スキルや知識だけでなく、その下層にはふるまい・習慣・行動、さらにその下の層には意識・想い・人生哲学が存在していると言われています。これらはどれが欠けてしまっても水面上の成果や結果がしっかりと出ることはないと考えられています。多くの教師はどうしても短期的な結果の良し悪しを求められることも多いので、すぐに効果が出せそうなスキルやテクニックに関心が向いてしまうのは仕方がないかもしれません。しかし、目先の結果にとらわれすぎて日々を送ると、特に下層の二つを大きくすることに目が向かなくなってしまいます。その結果、アイスバーグは大きくならずに先々の成果や結果も先細りしてしまうのです。だからこそ、教育技術を学ぶだけではなく、わたしたちの教育観をアップデートする必要があるのです。

【参考書籍】

・吉田行宏　二〇一八『成長マインドセット』クロスメディア・パブリッシング

教師力の捉え方をアップデート

教師力は一次関数的に伸びない

わたしは教師がいかにして「子どもの育ち」に寄与できるかどうかが、教師力の高低だと考えています。多くの人は、教師力は一次関数のように伸びていくと考えているでしょう。もう少しわかりやすく言うと、教師のスキル・知識が増えれば増えるほど「子どもたちの育ち」も大きくなると考えている人が多いのではないでしょうか。しかし、教師力は一次関数的に伸びていくとは言えないのです（図2参照）。

なお「子どもたちの育ち」が何なのかを定義することが非常に難しいのですが、今回は子どもたちが日常的に主体的にプラスの言動をとっているかどうかといったことを「子どもたちの育ち」とします。

図2｜教師力の伸び方の勘違い

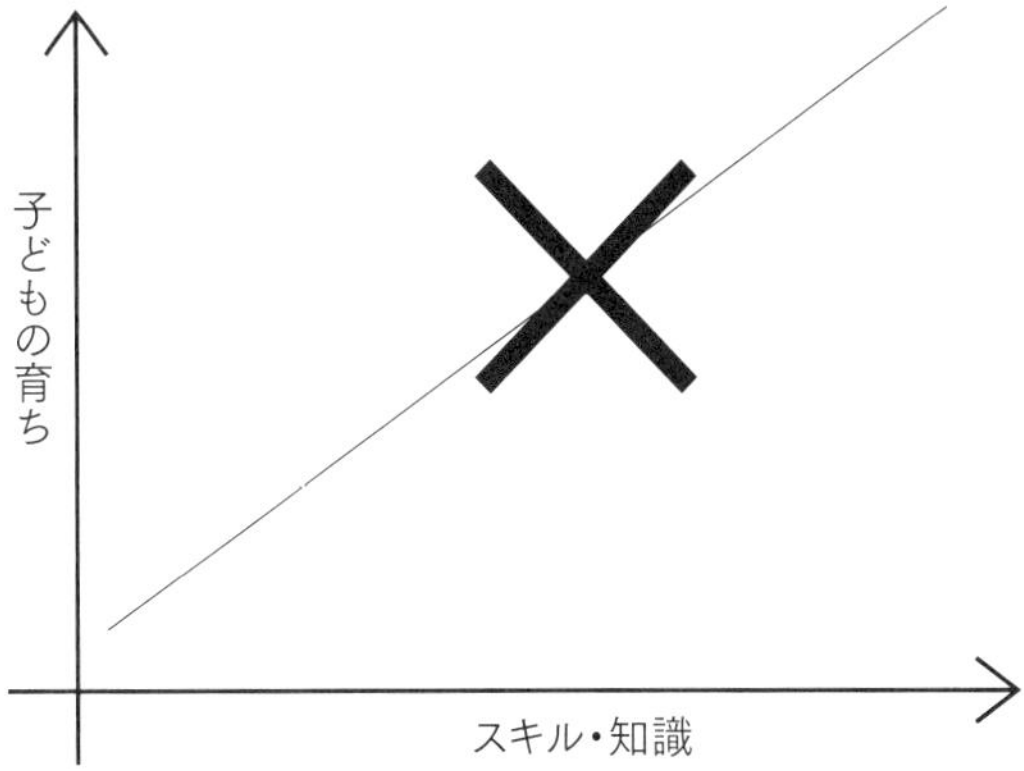

みなさんは、勤務校や前任校で教師力を上げようと様々に努力を積み重ね、それなりに「結果」を出してきている教員と出会ったことがあるでしょう。しかし、そんな教員であっても学級機能不全を起こしてしまった現場を目の当たりにしたことがありませんか。では、果たしてその教員に知識やスキルが足りなかったのでしょうか。スキルや知識はあったはずです。でも、子どもたちとうまくいかなかったのです。

反対に若手教員が生徒指導の多い、いわゆる難しい学級をまとめあげる姿を見かけたことがあるかもしれません。若手とベテランを比較すると若手の方がスキルは低く、知識も少なかった可能性が高かったはずです。でも、若手教員の方がベテラン教員よりもうまく子どもたちをまとめ上げ、育てることができる。そんなことも現実としてあり得るのです。つまり、教師のスキル・知識が増えれば増えるほど子どもたちの成長度合いが大きくなるとは決して言い切れないのです。

ここから教師力は一次関数的に伸びるわけではないといったことがわかっていただけたと思います。

では、そして、教師力はどのようにして伸びていくのかをこれから考えていきたいと思います。

教師力＝着せ替え力×解像度

①着せ替え力

教師力をどのようにして上げていけばよいのかを考えていきたいと思います。

わたしは、教師力は「着せ替え力」と「解像度」のかけ算だと考えています。そのために、わたしたちのスキルのレベルや知識の量に比例して子どもたちの成長度合いが大きくなるといったマインドをリセットする必要があるのです。

それでは着せ替え力とは一体何なのでしょうか。

スキルを洋服に置き換えて考えてみます。長ズボンや半パン、Tシャツやロン T、ジャケットやブルゾンなど洋服には実に様々な種類があります。ファッションに興味のない人であっても、TPO、季節や気候を意識してコーディネートは考えるでしょう。TPOとは「時間と場所、場合（機会）に合わせる」という和製英語で、結婚式に喪服は着ていきませんし、お葬式にドレスを着ていくことはしませんよね。暑かったら涼しい格好をするでしょうし、寒かったらあたたかい格好をするでしょう。また、個々人の趣味嗜好も洋服には反映されることがあるので、世の中には実に様々な種類の洋服が存在しています。

話を教員のスキルに戻します。

わたしたち教員もスキルを学び、修得することは必要です。しかし、スキルは知っているだけではダメなのです。スキルを自身の思考のタンスの中にストックしなければスキルは自らのものにはならず、うまく使うことができません。スキルを自身の思考のタンスの中に収納するには、学んだスキルがストンと自身の中で腑落ちしなければなりません。腑落ちさせるためのきっかけとして、自身の興味のある分野のスキルから積極的に学ぶことがまず有効だとわたしは考えています。誰かからの受け売りのスキルや先輩教師の半ば強制されるスキルを使ってもあまりうまくいかない理由は、自分自身に腑落ち感がないスキルは、刹那的になってしまうことが多いからなのです。腑落ち感がないと、継続的な活用になかなかつながらないのです。スキルは自身の思考のタンスに収納してこそ、初めて生きたものになるのです。

同じことをしているはずなのに学級づくりがうまくいっていると感じたり、そうではないと感じたりすることがありませんか。実は使用するスキルが子どもたちに対してうまくいくかどうかのポイントがもう一つあるのです。それは、目の前の子どもたちに合わせて自身のもっているスキルをどのように選択し、組み合わせて使用するかといったことです。もう一度スキルを洋服に例えてみます。目の前の環境に応じて手持ちの洋服を選択し、組み合わせるといったイメージをもつとわかりやすいと思います。その際、どんな服装であっても自由なのですが、原則ＴＰＯに応じた服装や気候に応じた服装は外さないようにしなければなりません。ＴＰＯを逸脱したファッションや振る舞い、言動をすると自身や会社の信頼を落とすことにつながりかねません。また、気候と自分自身の服装があまりにマッチしていなければ体調を崩すことにつながりかねません。スキルも似ているところがあります。ただし、目の前の子どもたちのニーズに即したスキルを選択することが大切なのです。子どもたちの人権をないがしろにするようなスキルは絶対に認められません。目の前の子どもたちに合わせ、何度もスキルのコーディネートの失敗を重ね、試行錯誤を経て、ようやくスキルが自分のものになっていくのです。買ったばっかりでタグがついていて袋に入ったままになっている服装は真に着ているとは言えませんよね。タンスに収納して、何度もコーディネートの失敗を重ね、試行錯誤を経てようやく自分らしい洋服の組み合わせ、ファッションができ上がっていきます。ファッションもスキルも自分自身のパーソナリティにマッチさせていくことが、とても大切なのです。いきなり、読者モデルや芸能人の着こなしをわたしたちがそっくりそのままマネをしてもほとんどうまくいかないことと、達人教師の実践をわたしたちが追実践してもほとんどうまくいかない理由がここでつながってきます。

さらに別の視点からも着せ替え力が大切だということが示されています。

ユニバーサルスタジオジャパン（ＵＳＪ）復活の立役者としても有名なマーケターである森岡毅さんが、世の中には自分の力ではどうしようもないことと、自分の力でどうにかコントロールできることと、大きく二つに分けることができると述べています。自分の力ではどうしようもないことを定数、自分の力でコントロールできることを変数と数学の概念を用いて言語化されています。さらに森岡氏は、変えられないものを変えようとして努力するのは無駄なので、目の前の事象がコントロールできる変数なのか、変更不可の定数なのかを見極め対処することが大切だとも述べています。

わたしたちは子どもたちをハンドリングし、教育という名のもと子どもたちを変容させようと日々邁進しています。しかし、自分の思うようにハンドリングできない、子どもたちが自分の思ったように変容してくれないと感じたとき、学級づくりに困難さを感じるようになります。このストレスのキャパシティは人それぞれです。そして、子どもたちが自分の思うようにハンドリングできないと感じたとき、多くの場合、父性を強め高圧的な言動を増やし、どうにかしてハンドリングしようと躍起になっていきます。しかし、それが功を奏することはほとんどありません。

森岡氏の変数、定数の概念を用いるとクリアにこの事象の乗り越え方のヒントが見えてきます。子どもたちは定数です。わたしたちの教育観、スキルは変数です。つまり、自分自身の教育スタイルを変えようとせずに、学級の状態を変えようとしてもうまくいくことはありません。学級の状態を変えるには、変数である自分自身の教育観やスキルを変える必要性があるのです。若手教員が生徒指導の難しい学級であっても乗り越えられる理由は、教育活動の成功体験が少なく、経験則を物差しにして判断することがあまりなく、自分自身の教育スタイルを柔軟に変えられることも大きな要因だと考えられるのです。また、世の中に流通している数多ある教育実践がそのまま再現できない理由も変数、定数の概念を用いるとかんたんに説明できます。まず、担任する子どもたちがまったく同じだということはあり得ません。定数の値が同じでないのに、同じ結果が生まれるなんてことは絶対にあり得ないのです。さらに実践する教師も千差万別で、変数ですらも決して同じにはなりません。追実践をして限りなく元実践と近しい結果が生まれる理由は、変数の値である教師の教育観やスキルと定数の値である子どもたちの実態が元実践と限りなく近しいからだと考えられるのです。

このように、いつもとちがって子どもたちと何だかうまくいかないのであれば、そのときは自分自身を変容させていかなければならないのです。うまくいかない要因は一体何なのかを考える。そして、自分が置かれた環境に応じて、様々なスキルを組み合わせ、よりよいコーディネートを考え、実践していくことが大切なのです。この作業を繰り返していくことで、少しずつ自分らしい教育スタイルが確立され、着せ替え力が上がっていきます。学級づくりがうまくいっていない人は一度、自分の教育スキルを着せ替えることを意識してみてください。そうすることで困難な状況を乗り越えられる何かヒントがみつかるかもしれません。

ついわたしたちは他人に責任転嫁してしまいがちなのですが、それでは決して状況は好転しません。教育技術は子どもたちを操作するための技術ではありません。わたしたちが変わるためのものなのです。

②解像度

わたしたちの教師力を向上させるために、解像度を意識することも大切です。そもそも解像度とは一体何なのでしょうか。

カメラやパソコン、テレビなどを選ぶ際に解像度という言葉を目にするかと思います。そもそも解像度をかんたんに説明すると、決められた範囲の中に横×縦のドット数（点の数）がいくつあるかということです。決められた範囲の中に入っているドット数が多ければ

図3｜解像度によるちがい

ば多いほど解像度が高く、少なければ解像度が低いということになります。解像度が高ければ高いほど細部までくっきりと見ることができます。図3のイラストを見てもらうとわかるように、解像度の高低でイラストの見え方がまるでちがうことがわかると思います。解像度の低い画像では見えなかったものも、解像度の高い画像ではクリアに見えるようになります。

一方、教育現場で最近使われるようになってきている解像度というワードは「世界や物事を詳細に捉える力」のことを比喩しているものだとわたしは考えています。目の前の事象や事柄の認識やそれに対する自身の考え方が荒ければ解像度が低いとなります。逆に、目の前の事象や事柄の認識やそれに対する自身の考え方が詳細であれば解像度が高いとなります。つまり、同じ事象や事柄を見ていても解像度が異なれば見えている景色がまるで異なるのです。見え方がちがうということはスキルの使い方、コーディネートの方法も自然と異なってくるでしょう。

先ほどスキルを目の前の状況に応じて着せ替え、コーディネートすることが大切だと述べました。目の前の状況を詳細に捉えることができればできるほど、より状況に応じた繊細なスキルの着せ替えとコーディネートにつながることになるのです。そうすることで子どもたち個々のニーズに一層即した教育が可能になります。さらに、子どもたちのニーズに即した指導がおこなえる可能性が高くなるので教員の指導の上滑りを防ぐことにもつながると考えられるのです。

では、実際に解像度のちがいをワークで体感してもらいます。

次のページのりんご、青森県産のサンつがるのイラストを見てください。

このリンゴのイラストを見て気がついたことを書き出してみてください。どんなことでも構いません。

・このりんごについて気がついたことを
書き出してみましょう。

（参考）「（NPO法人）お金で学ぶさんすう」　住山 志津枝

さて、このりんごについてあなたはどんなことに気がつきましたか。りんごに対する解像度が高い人ほど様々なことに気がつくことができます。

他者と気づいたことを共有すると、人によって気づき方が千差万別なことが一目でわかるでしょう。また、りんごに対する解像度が高い人ほど様々な視点からたくさんのことに気づいていることもわかるでしょう。

・サンつがるは青森県産のりんごである
・りんごは厳冬期をのぞく三月から一一月に種付けをするとよい
・りんごは一八七一年にアメリカから持ち込まれた
・りんごは冷やすと甘みが増す

ざっとわたしの方で気づいたことを書き出してみました。この中で、初めて知ったことがあるかもしれません。初めて知ったことがあったということは、りんごに対するあなたの解像度が上がったということです。これが他者と学び合う大きな意義の一つなのです。

そして、教育ではそれぞれの気づきを便宜的に分け、グルーピングしたものを教科の概念

図4｜解像度によっての見え方のちがい

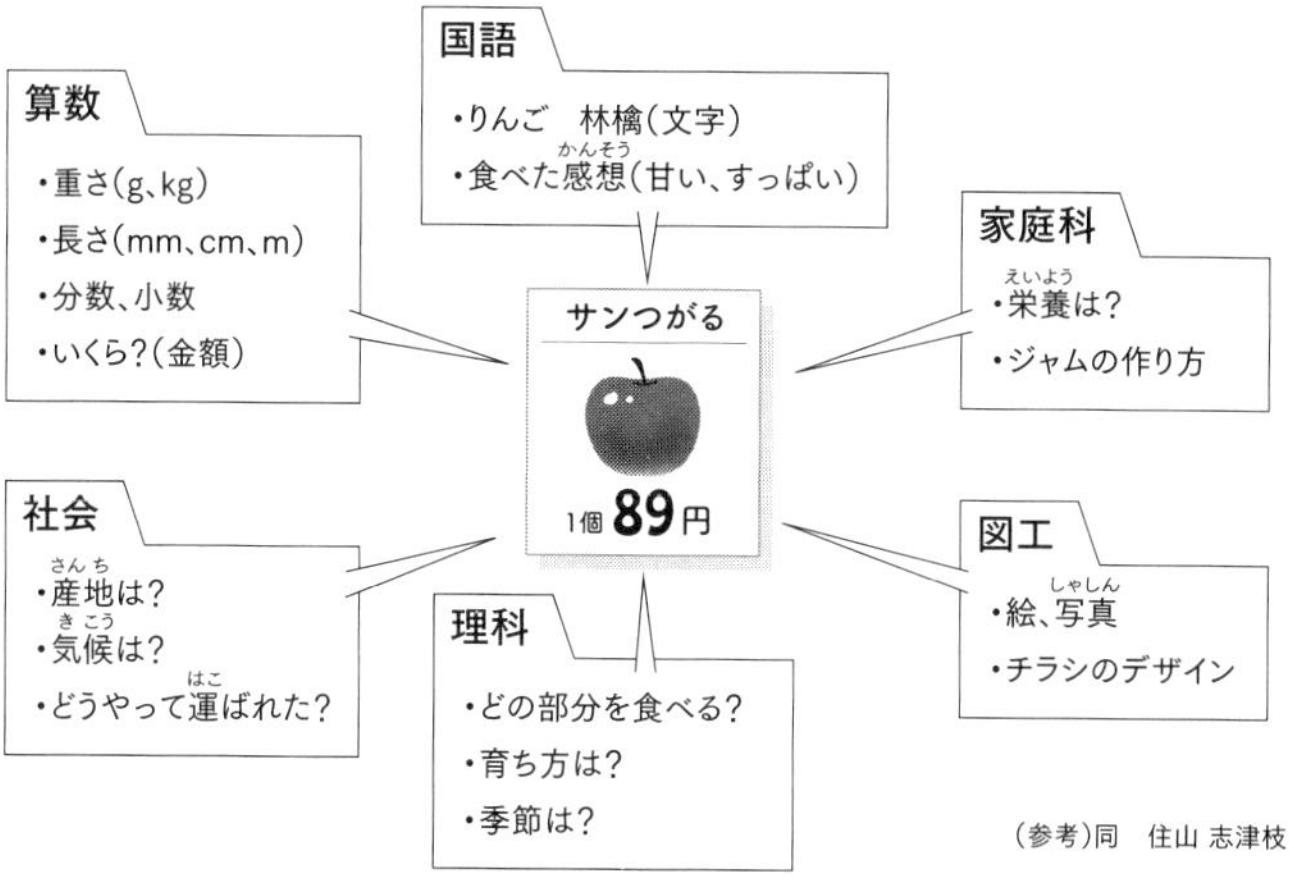

（参考）同　住山 志津枝

としているのです（図4）。

　数年前、わたし自身の解像度がぐっと上がったと感じた出来事がありました。

　現在、教師の伴走者として活躍されている石川晋さんと東京の公立中学校の理科の授業を見に行ったときのことでした。グループごとに実験をし、話し合い活動をしていたときのことです。

「小野くん。見てごらん。あそこの班の話し合い、あと一分程度で終わるから」

と、わたしに耳打ちをしてくれました。

「えっ？　何でそんなことわかるんですか？」

「頭の位置が離れてきてるからね。話し合いが盛り上がらなくなってきてる」

図5｜解像度の概念

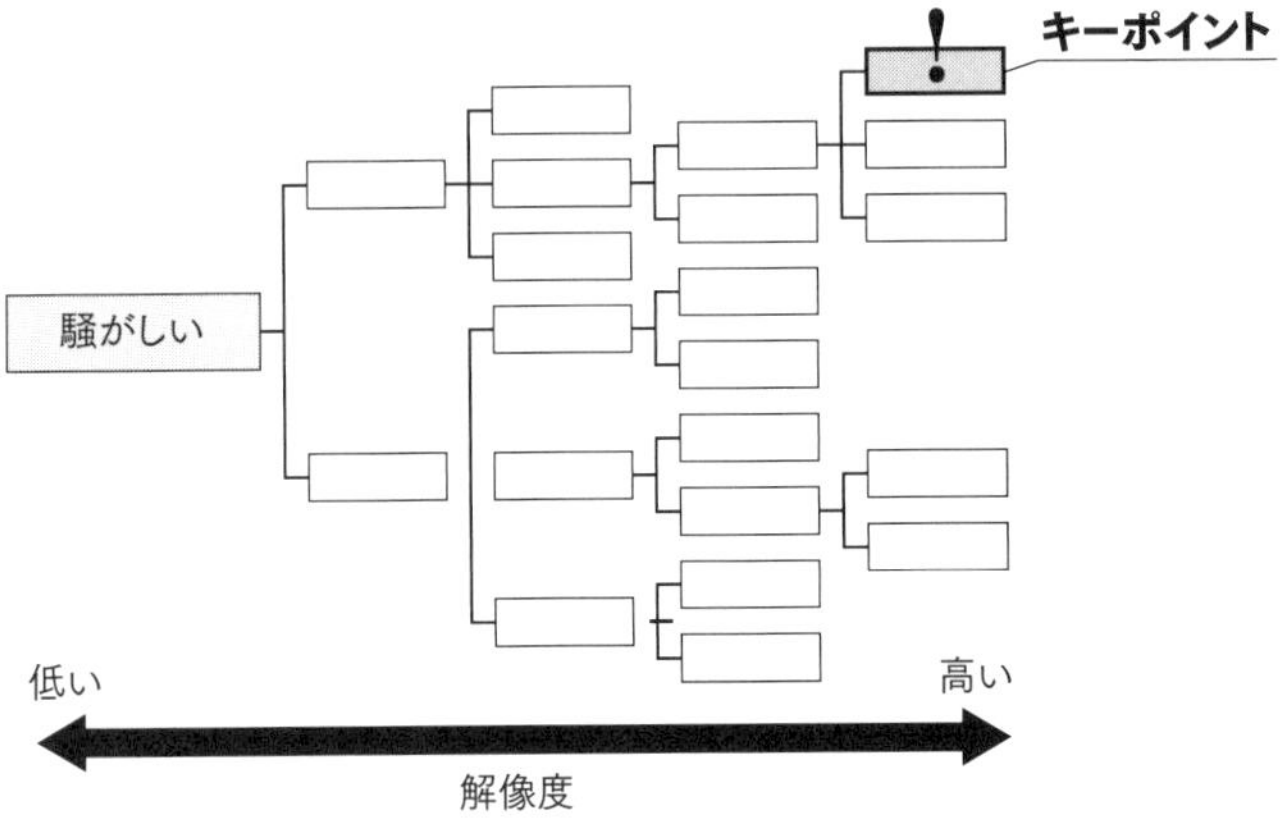

（参考）解像度を高める　馬田隆明

そんな予言じみた言葉がにわかに信じがたかったのですが、その後、じっとその班の様子を観察していると驚くべきことが起こったのです。その班での話し合いが本当にその後一分程度で終わり、班のメンバーが手持ち無沙汰になり、私語をし始めたのです。一連の出来事で石川晋さんの解像度の高さに驚いたのと同時に、わたし自身の話し合い活動に関する解像度がぐっと上がったことを実感することができました。

解像度が高いからこそ見えてくることが多くあります。

例えば、教室が騒がしいといった事象を一つとっても、解像度が低ければただ騒がしいといった粗い見方になってしまいます。しかし、「騒がしさ」も興味、関心を失って騒がしいのか、興味、関心がありすぎて騒がしいのかといった二つの見方ができます。さらに、その「騒がしさ」の要因が教材・教具によるものなのか、教師の指示・発問によるものなのか、環境設定に問題があったのか、など解像度が高ければ高いほど「騒がしさ」といった事象をより正確に、そして詳細に要素分解をして捉えることができます。また、解像度が高いということは、目の前で起こっている事象の中でどの要素が重要なのかを的確に見定められることでもあるのです（図5）。つまり、解像度を上げることで、目の前の子どもたちのニーズにより即した教育実践をおこなうことが可能になるのです。

③解像度の高め方

では、解像度を高めるにはどうすればよいのでしょうか。

東京大学FoundX のディレクターを務めている馬田隆明さんは解像度を高めるためには「深さ」、「広さ」、「構造化」の三つの要素が大切だと言っています。

「深さ」とは、先ほどのりんごの例のように一つの事象や感情をどこまで深く詳細に把握しているか。そして、理由や構造の根本原因を掘り下げて詳細に把握できているかといったことです。このことに関してもう少し詳しく述べていくことにします。

例えば、授業中に子どもたちが騒がしいといった課題があったとします。安易な解決策として、子どもたちを静かにさせるために声かけをするといった解像度の低いものが浮かんでくることでしょう。しかし、これではほとんどよい解決策にはたどり着きません。子どもたちの声を聞き取ったり、子どもたちの様子を観察しながら事実を客観的に認識するように努める。そして、認識した様々な事実を「Why So?（それはなぜ？）」と自らに問い続けることで掘り下げ、構造的な問題として見えるようにすることで「何が本当の問題なのか」がつかめるようになってきます。

例えば、

授業中に子どもたちが騒がしい　↓　それはなぜ？　↓　子どもたちの私語が多い

少しは具体的にはなりましたね。でも、まだまだ一般的な課題となってしまっています。日本中どの学級の子どもたちにも当てはまってしまう課題になっています。では、もう少し掘り下げてみます。

> 子どもたちの私語が多い　↓　それはなぜ？　↓　子どもたちが手持ち無沙汰になってしまっている

少しずつ解像度が高くなってきましたが、まだまだ一般的な課題になっています。

> 子どもたちが手持ち無沙汰になってしまっている　↓　それはなぜ？　↓　子どもたちが何も取り組まない空白の時間がうまれている　↓　それはなぜ？　↓　課題がかんたんですぐに終わってしまい、その後何をしたらいいかわかっていない

ここまで問い続けてきてようやく課題設定に問題があることが見えてきました。ここで思い切って子どもたちに課題設定について尋ねてみることでより解像度が上がります。

課題が早く終わり、何をしたらいいかわからずに手持ち無沙汰になってしまっている↓
それはなぜ？　↓　課題の問題数が少ない・課題が早く終わった際に何をするかわかっていない（子どもたちの聞き取りからわかったこと）

ここから私語を少なくさせるための仮説の一例として、

課題の問題数を多くする
課題が早く終わった際の指示を出す
（友だち同士での問題の出し合い・タブレットを用いたドリルを取り組む・今まで学習し

たことをノートにまとめるなど）

といったことが考えられます。

もちろん一つの事象や感情を深く掘り下げるためにはそもそもわたしたちの中に言葉や概念が必要であることも忘れてはいけません。そのために本を読み、他者とのディスカッションをし、アイディアを交換し合って言葉や概念を増やしていかなければならないのです。言葉や概念を増やすことで、例えば騒がしさであれば、

騒がしさ
→ いい騒がしさ（熱中して思わず言葉が出てしまって騒がしい）
→ ダメな騒がしさ（私語によって騒がしい）

このように騒がしさに二つの概念があることを知っているだけで、騒がしさを深く掘り下げることが可能になることがわかると思います。前述した「サンつがる」も同様です。このように言葉や概念を知っていると、より正確に事象や感情を分割し、深く掘り下げて理解することが可能になるのです。

次が「広さ」です。「広さ」とはどれだけ広く原因、要因や構造を把握しているかどうかということです。一般的にアプローチや視点の角度が多様であればあるほど広さがあるとされます。自分自身の専門性を突き詰めていくと「深さ」は手に入りますが、事象の全体像が見えにくくなってしまい「広さ」が失われていきます。人は無意識に蓄積された専門性の枠組みやこれまでの経験で目の前の事象を認識したり、物事の判断をしてしまうからです。この心理現象を認知バイアスと言います。つまり、専門性を高めれば高めるほど専門性の枠組みの外で事象を見ることや考えることに困難を伴ってしまうのです。だから、異分野の専門性を高め、別の認知バイアスというフィルターを身につけることで、見えるものを増やすことが大切なのです。これが「広さ」を身につける大きなメリットとも言えるでしょう。

子どもがエスケープを繰り返すといった事象があるとします。子どものエスケープ一つをとったとしても、心理学的な見地からのアプローチ、社会学的な見地からのアプローチ、教育学的なアプローチとでは当然ですがまるで見え方やアプローチの方法が変わってきます。これが「広さ」です。そして、それぞれの分野での専門性を突き詰めていくことが「深さ」です。「広さ」を手に入れるには、意識的に自分自身の専門分野以外の知識やスキルを身につけていくことが大切です。そのために、自身の専門分野以外の本や事例に触れて教養を増やす。そして可能であれば異業種の人たちと交流をすることで「広さ」を手にすることが可能となります。教育改革実践家の藤原和博さんは「広さ」を別の言葉で表現されています。

まず、ある分野で集中して仕事をして、一〇〇人に一人の希少性を確保しましょう。
次に、違う分野で仕事をして一〇〇人に一人の希少性を確保できれば、もう掛け算すれば一万人に一人の希少性を確保できたことになります。

「広さ」は簡単には得ることができないと言われています。自分の価値観と近しい内容には親近感がわくでしょう。しかし、自分の価値観と近しくない内容には親近感がわかず、時として嫌悪感すら抱くかもしれないからです。「広さ」を手に入れるにはそういった自分自身との戦いにも勝たなければならないので非常に難しいのです。ただし、「広さ」を得ることができれば解像度がより上がることは言うまでもないでしょう。

最後は「構造化」です。「構造化」とは概念を知る、現象の関係性を知る、現象の関係性をわかりやすく説明できるといったことです。事象を「構造化」する方法は多くあります。そして、事象を「構造化」するには訓練が必要だとされています。わたしはその中でも専門書や論文を読むことが有効だと考えています。経験則も大切です。自分自身の経験則を信頼性が保証されているデータや用語等でラベリングすることで、目の前の事象を「構造化」しやすくなります。学校教育では教科といった概念で「構造化」されています。「構造化」は他者と対話する上でとても大切です。例えば「個別最適化」といったことについて対話をしようとします。「個別最適化」の対話をする上でお互いにどの分野・領域の事象や要素を「構造化」して対話をしようとしているかを理解し合わないと話がなかなか噛み合わなくなってしまうからです。ツイッターの「クソリプ問題」がまさにこのことを表わしているとわたしは感じています。ツイッターの文字数ではお互いの「構造化」を擦り合わせて、理解し合うことがなかなか難しいのが現実です。その結果、「クソリプ」といった、自身の主張したかったこととはまるでちがう頓珍漢なリプライが他人からやってくるのです。

ここまでつらつらと偉そうに「解像度」について様々書かせてもらいましたが、わたし自身の「解像度」が高いのかと問われれば、決してそんなことはありません。でも、新しいことを知ることの楽しさ、新しいことを知ったときの何とも言えない高揚感や充足感を大人になってからわたしは初めて体感できました。大人も子どもも学習する本質はここにあるんだろうなと感じています。学校は様々なリソースから子どもたちの解像度を上げ、子どもたちの見える世界を拡げるために、そして、見える世界が拡がったときの何とも言えない高揚感や充足感を感じさせてあげられる場でありたいと考えています。

【参考】
解像度を高める　馬田隆明
一〇〇万人に一人の存在になる方法 不透明な未来を生き延びるための人生戦略　藤原和博

学校教育観をアップデート

従来の学校教育観とこれからの時代の学校教育観

巷には様々な教育実践、教育書があふれています。そのほとんどが、教師が子どもたちをハンドリングするといった前提で書かれています。つまり、子どもは教師に教えられるべき存在であり、教師が子どもをどのようにハンドリングし、指導すればよいのかといった前提で書かれているのです。しかし、第1章で書かせてもらったように、これからやってくる新しい時代においては、教師が子どもたちをハンドリングすることがとても難しくなってきます。

タブレットを活用した授業づくりや学級づくりの実践がかなり増えてきています。しかし、それら多くの実践は今までの学校教育観ではおそらくフィットしにくいと考えられます。子どもたちにタブレットの活用を促すことは子どもたちの個別化を促進させますし、子どもたちがタブレットを活用すればするほど教師のハンドリングが難しくなるからです。また、教師が子どもたちのタブレット活用を管理しようとすると、タブレットの教育的効果は大きく下がるでしょう。教師がトップダウン的に子どもたちにタブレット活用させている実践は本当の意味でのタブレットを有効活用している実践ではありません。タブレットは子どもたちに自由に活用させてこそ教育的効果が上がるのです。なお、ここでいう教育的効果とは成績が向上するといった表層的なことを指しているのではありません。

タブレットを有効に活用した教育実践は、今までの学校教育観とは親和性が低く、うまく機能しない可能性がとても高いのです。一方、これまでに本やセミナーで紹介されてきたタブレットを活用しない実践は自分なりにカスタマイズをすれば、質を抜きにすれば目の前の子どもたちにある程度フィットさせることができました。その理由は、それらの実践が従来の教育観を前提としてデザインされていたからなのです。しかし、タブレットを活用した教育実践は、今まで主流だった教師が子どもたちをハンドリングするといった教育観でデザインされていません。つまり、そもそも前提となる教育観がちがうのです。前提となる教育観がちがうので実践が機能しにくいのです。タブレット活用が主流となるであろうこれからの時代。そして、価値観の多様化が進むこれからの時代。繰り返しになりますが、未来の学校では、子どもたちをハンドリングしてきた従来の学校教育観で学校教育を推し進めていくことがおそらくとても難しくなっていくことが予想されます。だからこそ従来の学校教育観をアップデートし、子どもたちをハンドリングしない学校教育観に舵をきっていくことが必要だとわたしは考えています。では、これからの時代の学校教育観とは一体何なのか。みなさんと一緒に考えていこうと思います。

今までの学校教育を疑ってみる

今までの学校教育で何の疑いもなく、当たり前だと思ってる実践はありませんか。例えば、日直制度。多くの先生方は日直制度を学級内で敷いていることでしょう。わたしはここ数年、学級で日直制度を敷いていません。日直がないことでの不便さを感じたこともありません。そもそも、なぜ日直が必要なのでしょうか。日直が覇気のないあいさつをするくらいだったら、やる気があって元気な子どもにあいさつをさせた方が教室に活気がうまれます。また、日直の仕事は当番活動でも十分に賄えます。

宿題はどうでしょうか。特段疑問ももたずに多くの先生方は一斉一律に宿題を出しているでしょう。でも、よくよく考えてみると、宿題って本当に必要なのでしょうか。学力の高い子にとってはただの作業でしかなく、学力の低い子にとったら苦行でしかありません。家庭学習の習慣づけに宿題は必要だといった声もよくあがります。でも、家庭学習の習慣づけに本当に役立っているのでしょうか。

そう考えてみると、他にも「?」な実践が多くあることに気づくと思います。子どもたちに漢字テストで間違えたところを何回も何回もひたすら書かせる実践は根性論や苦労は美徳だといった価値観でデザインされています。

このように今まで何の疑いもなく、当たり前だと思ってきた実践を

・その実践はそもそも何のためにおこなっているのか
・その実践は「子どもたちの育ち」に寄与しているのか

といった視点で改めてゼロベースで学校教育を見直してみる必要があると思います。日直制度や宿題を否定しているわけではありません。目の前の子どもたちにとって「子どもの育ち」につながるベストな教育環境は一体何なのかを教師が考え、デザインし、実践していくべきだという ことを伝えたいのです。なお、「子どもの育ち」についてわたしは、

・子どもの解像度が上がる
・子どもの自尊心が高くなる

ことだと考えています。

目の前の子どもたちを成長させるために、宿題や日直が必要だと感じたのであれば実践すればいいでしょうし、必要がないと判断したのであれば実践しなければいいのではと考えています。学校で当たり前のようにおこなわれている数多くの教育実践を白か黒のどちらか二者択一で選ぶのではなく、白と黒の間に無限の色があり、その中からベストな選択、

よりベターな選択をしていくマインドをもつことが大切なのです。どの教育実践がよくて、どの教育実践がダメなのかといったことは安易には判断できないものなのです。

なぜ、若手教師の学級づくりが成功し、ベテラン教師の学級づくりが失敗するのか

先生方の中で、教師になって間もない若手教師の学級が崩れず、腕があると評される中堅、ベテラン教師の学級が大崩れしてしまった現場を目の当たりにしたことがあるかもしれません。わたしも何度か目の当たりにしたことがあります。その度に、なぜそういった状況が起こってしまうのかが不思議でなりませんでした。先ほど、教師力が、

> 教師力　＝　着せ替え力　×　解像度
> （知識・スキル　×　自己変革力）

図6｜ベテラン教師と若手教師の教師力の例

［例］

ベテラン教師

知識・スキル		自己変革力		解像度		教師力
6	×	1	×	5	＝	**30**

若手教師

知識・スキル		自己変革力		解像度		教師力
2	×	8	×	2	＝	**32**

※各項目10ポイントを上限とする

であると書かせてもらいました。わたしは、教師力はビルのようなものだと考えています。

ベテラン教師の学級づくりがなぜ失敗するのかを、この公式から考えてみようと思います。教師だけでなく、様々な企業でも勤続年数が長くなると成功体験にしがみつきがちになると言われています。また、プライドが邪魔をして素直に他人の意見を受け入れにくくなるとも言われています。つまり、知識やスキルがあったとしても自分を変えることができず、結果として着せ替え力が低くなってしまっているのです。着せ替え力が低くなってしまうと、解像度が高かったとしても教師力は高くなりません。少し極端な例をあげてみます（図6）。この例にあるように、知識・スキルをもっていても自己変革力が低ければ教師力が低くなってしまいます。逆に、知識・スキルがあまりなかったとしても自己変革力が高ければ教師力が高くなります。これがベテラン教師の学級づくりがうまくいかなくて、若手教師の学級づくりがうまくいくポイントだと考えられるのです。

では自己変革力を伸ばすには具体的にどうすればよいのでしょうか。そのヒントが、経営コンサルティングの船井幸雄が提唱する「成功の3条件」にあります。船井氏が提唱する「成功の3条件」とは「素直」「プラス発想」「勉強好き」です。

- 素直……………意見を素直に受け入れ、やってみる
- プラス発想……「こうだからできない」ではなく「こうすれば、できるかもしれない！」と考える
- 勉強好き………いつでも、誰からも、どんなことからも、自分以外から学ぶ

わたし自身もこの3つを意識しながら日々実践を積み重ねています。ベテラン教師だけでなく、若手教師であってもこの3つの意識が低い教師は自己変革力が低く、着せ替え力が高くないと感じています。

もちろん、教師力が高ければ高いほど難しい学級にも対応できるようになります。学級づくりが難しい学級とは現在の日本の学校教育システムにフィットしにくい子どもが複数人在籍している学級のことです。ＡＳＤの子どもやＡＳＤ傾向の子どもが多数在籍している学級。素行不良や素行不良傾向の子どもが多く在籍している学級。学校教育の価値観に違和感を抱いている子どもたちが多く在籍している学級。こういった難しい学級での学級づくりで失敗しないための一番のポイントは着せ替え力になります。それは、日々イレギュラーな対応を求められることが多いので、知識・スキルを身につけるだけでなく、いかに自分自身の指導スタイルを柔軟に変え、子どもたちのやる気スイッチを入れられるかがポイントとなるからです。これからＧＩＧＡスクール構想の推進により子どもの個別化、子どもたちの価値観の多様化がますます進んでいきます。さらに、コロナ禍によって幼児期に集団行動の経験が少なくなってしまっている傾向も相まって、現在の学校教育にフィットしない子どもたちの数が増え、学級づくりが難しい学級がこれからどんどん増えてくることが予想されるのです。その中で従来のように教師が子どもたちをハンドリングする学級づくりができる教師はかなり数が絞られてくることでしょう。たとえ、教師が子どもたちを引っ張っていく指導をするにしても、目の前の子どもたちに応じて指導の匙加減を考えなければならないのです。「今年の子ども」はダメだといった言い訳をするのではなく、「今年の子ども」に応じた指導を考え、実践しなければならないのです。

知識の交換といった発想をもつ

子どもより教師のほうが知識をもっている。若手教師よりベテラン教師のほうが知識をもっている。これは一方で正しくて、一方で正しくありません。

「ナシ婚」「プチプラ」「バナジュー」「チルる」

多くの若い世代の人たちはこれらの言葉の意味を理解しています。一方で、年齢層が上がれば上がるほどこれらの言葉の意味がわからない人の割合が高くなってくるでしょう。

「ナシ婚」とは、結婚式を挙げずに籍だけを入れる結婚スタイルのことです。

「プチプラ」とは、「プチプライス」の略で、安くてかわいいもののことです。

「バナジュー」はバナナジュースの略です。

「チルる」はゆったりとくつろぐことです。

若い世代でこれらの言葉を当たり前のように知っている人たちからすると、言葉の意味を知らない人は知識がないと判断されるでしょう。でも、そんなことだけで知識の有り無しを判断されてたまるかと思った人もいるでしょう。でも、わたしたちは、中身はちがえど学校で無自覚に同じようなことを子どもたちだけでなく、後輩教師にもしてしまっているかもしれないのです。

授業において、わたしたちは子どもたちに知識やスキルを伝えています。その事象だけピックアップすれば、子どもたちより教師の方が知識をもっていると判断できます。しかし、それはあくまでも学校で修得しなければならない学習内容においてのみ成り立つことなのです。逆に、今流行っているYouTuberや新進気鋭のYouTuberについては、子どもたちから教えてもらわなければなかなか理解できません。このように、実は知識の多い少ないは分野によって変わるのです。YouTuberといった分野については子どもたちの方が教師よりも知識をもっているのです。

図7｜学習とは知識の交換

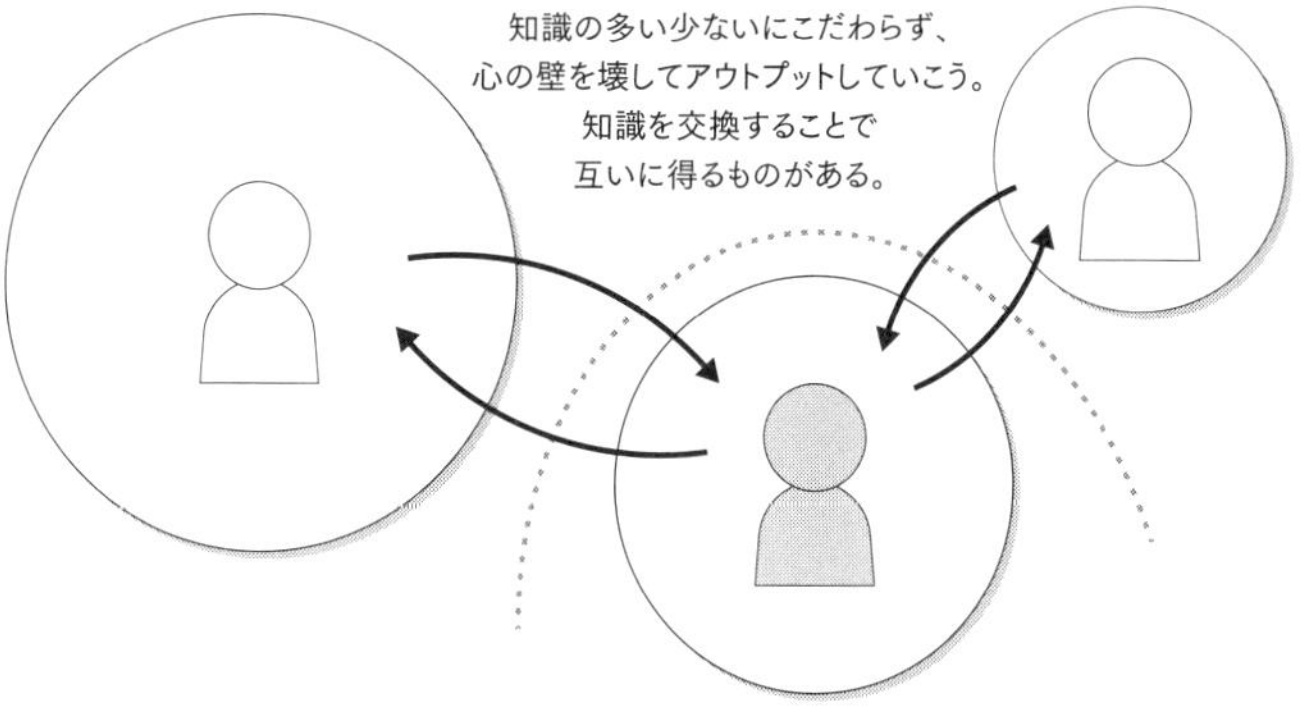

互いに知識を交換して学ぶ

学習というものは「教える・学ぶ」といったものではなく、それぞれの得意分野の「知識の交換」と言えるのです。知識を交換し合うことで、双方にメリットがうまれます。そう考えると、わたしたちが子どもたちから学べることが多くあることに気がつけます。同じことが後輩教師にも言えます。ある分野だけをピックアップして、子どもたちや後輩教師の知識の有り無しを判断しないように注意します。

授業でもトリクルダウン的な発想、つまりできる子どもからできない子どもへの知識の伝達、教師から子どもたちへの知識の伝達ではないといったことをわたしたちは留意しなければならないのです。トリクルダウン的な発想をしていると、特に各教科の成績の良し悪しと運動神経の良し悪しだけで、子どもたちのできるできないが判断され、学級内のスクールカーストが強固に固定化されてしまうリスクもはらんでいます。職員研修でも同じことが言えます。

学習は「知識の交換」といったことを意識する。そうすることで、自身の考え方が柔軟になり、着せ替え力が上がります。さらに解像度も上がります。一分野だけを掘り進めることで「深さ」は得られます。それに加えて、様々な分野からの知識を取り入れることで「広さ」も得ることができるからです。師弟制度のメリットデメリットもここにあると考えています。

【参考】

互いに知識を交換して学ぶ　西尾泰和の Scrapbox

インスタント教育技術症候群に要注意！

今は手軽に教育技術や教育情報を手に入れることができます。いわゆるインスタント教育技術がたくさんあるからです。しかし、それに頼りすぎることでの弊害もあります。ハウツーばかり追い求める時期は必要です。知識やスキルのない医者は果たして医者と言えるのでしょうか。知識やスキルのない美容師は果たして美容師と言えるのでしょうか。知識やスキルがない医者や美容師はただの素人です。これは他のどんな仕事でも言えることです。もちろん教師も例外ではありません。だからこそ、とにかく知識やスキルをたくさん収集し、ストックすることは絶対に必要なのです。一方でハウツーを追い求める際に、わたしたちが気をつけなければならないことがあります。

教育系ハウツーは授業系と生徒指導系に大きく分けることができます。それらのハウツー本の著者はたいてい自身の経験をもとにハウツーを書いています。これはSNSでハウツーを投稿してる人も同じでしょう。当然ですが、著者が経験したケースと読者のどうにかしたいケースはちがうはずです。さらに、書かれているハウツーが具体的であればあるほど、極めて限定的なシチュエーションにしか適用できません。具体的なハウツーは事象のコンテクスト、前後の文脈を切り離して書かれているからです。追実践しようと考えているハウツーが、たまたま著者の経験したケースと読者の置かれているケースが偶然似ていれば、そのハウツーはうまくいく可能性が高いでしょう。しかし多くの場合、ハウツーは読者が困り感を抱いているケースを乗り越えるためのヒントにはなるが答えにはならないのです。特に生徒指導系のハウツーは追実践してもおそらくあまりうまくいきません。

ハウツーに頼りすぎることで、自分で考えてどうにかしようとしなくなってしまうリスクもあります。今はスマホでインスタグラムやツイッターなどで極めて効率的にハウツーを収集することができます。困り感を感じた場合、ほとんどの人はじっくり時間をかけて作戦を練るよりも、SNSや教育書を頼ってパパっと短時間でどうすべきかを考えていることでしょう。そもそも忙しくて、じっくり準備している時間がないと感じている先生方も多いことでしょう。でも、ハウツーに頼りすぎてしまうと自分で考えてどうにかしようとする癖がつかなくなってしまうリスクがあります。自分であれこれ試行錯誤して実践をしないと、自分自身の一本筋の通った教育理念がないパッチワーク的な学級づくりになってしまうかもしれません。パッチワーク的な学級づくりが決して悪いとは思いません。自分自身の一本筋の通った教育理念がないことが大きな問題なのです。困っているケースを日々クリアするにはどうすればよいのかだけに軸を置いた刹那的な教育活動になってしまうのです。これは今に始まった話ではなく、ハウツーが教育書の主流となった三・四〇年前から言われ続けていることなのです。

インフルエンサーや著名な教師が提唱するハウツーを絶対視してしまうリスクもあります。人は権威に弱く、権威者の命令や指示には深く考えずに従いがちであるという原理があるからです。たとえ実践がうまくいかなかった場合でも、あの先生の実践だから失敗するはずがないといった考えに陥ってしまい、他者に責任転嫁してしまうリスクがあるのです。実践がうまくいかなかったのは子どもが悪かったから。同僚教師の理解がなかったから。同僚教師が不勉強だったから。このように自身の実践したハウツーを絶対視してしまうことで、自分を変えようとするのではなく、他者に責任転嫁をして他者が変わらないことに苛立ちをおぼえるのです。結果として、自分と考えが近しい人だけが残り、さながら宗教のような団体になってしまうのです。そうなってしまうと視野が狭くなってしまいます。解像度で言えば「深さ」は得られますが、「広さ」は得られません。知識やスキルはたくさん手に入れることはできます。でも、自己変革力が低くなり、結果として着せ替え力は低くなってしまいます。

インスタント教育技術のメリット、デメリットをしっかり理解しておくことが教師力をアップさせるためにとても大切なポイントとなります。

【参考】
ロバート・B・チャルディーニ　二〇一四『影響力の武器』誠信書房

SNSの落とし穴にはまらないようにする

これからますますSNSを活用した教育活動が主流になるでしょう。しかし、SNSの落とし穴にはまらないように気をつけなければなりません。SNSが盛んになるまでは、各自治体の研究部会で研鑽を重ねたり、各地で教員が組織する学習会、研究会や教育サークルなどで研鑽を積んだりすることが多かったでしょう。

人は本能的に、自分と同じ興味をもつ人間を探し求める性質があります。つまり、自分と価値観の近しい人と一緒にいようとするのです。一般的に複数の学習会やサークルに在籍していても、最終的には自分にとって一番心地よい学習会やサークル以外には在籍しなくなる傾向があります。その理由の一つとして自分と価値観の近しい人がたくさんいるので居心地のよさを感じられることが挙げられます。もちろん、学習会やサークルが心の拠り所になるといった理由や憧れている教師がいるといった理由も考えられるでしょう。様々な理由が考えられますが、サークルや学習会では自分の価値観の似ている人とばかり交流することになります。結果として、「同質性の檻」に自分を閉じ込め、世界を見る周辺視野と自身の選択肢を狭めることにつながってしまうのです。

学習会やサークルは同じ価値観をもった人同士が集まるので閉鎖的なコミュニティになってしまう傾向があります。参加人数がどれだけ多くても、結局のところは同じ価値観をもった集団になってしまうからです。そして、そのコミュニティ内では、自分の意見や思想と近しい情報ばかりが行き交う状況になってしまいます。さらに、同じ価値観をもった人たちだけとコミュニケーションを取る閉鎖的な状況では、同じような意見を見聞きし続けることになります。その結果、たとえ自分の意見や思想が偏っていたとしても、自分の意見や思想に対する確信が増幅され「自分の考え＝世界の考え」という図式が成り立ってしまうことになり、ほかの異なる意見や情報がかき消されてしまうことになってしまうのです。これを「エコーチェンバー現象」と言います。

自分と同じ価値観をもった人が集まる「心地よいコミュニティ」に所属すること自体が問題だというわけでは決してありません。「エコーチェンバー現象」の問題点は、常に同じ意見を見聞きしていることによって、それ以外の認識が間違っていると思えてくることです。これは、認知心理学・社会心理学の用語である「確証バイアス」と似ています。「確証バイアス」とは、何らかの思い込みがあると、それを立証するための情報ばかりに目が行ってしまい、そのことによって自分の意見が正しいんだという認識をさらに助長してしまうことです。

SNSが主流となるこれからの時代はますますエコーチェンバー現象にまきこまれやすくなることが予想されます。わたしたちはSNSで自分と似た思想をもつユーザーをフォローしたり、興味関心のある投稿を検索したりします。すると、すぐにSNS上に自分が検索した内容に関連した広告や記事が表示されたことでしょう。このように、SNS上ではユーザーの興味関心や思想などがアルゴリズム分析され最適化されて「フィルターバブル」の状態で偏った情報が流れてくるのです。さらに、SNSでの自分の投稿に対して、たくさんの「いいね」がついたり、投稿を「リツイート」されると、自分の投稿内容が正しくて素晴らしいもののように感じてしまいます。さらに、自分のタイムライン上に流れてくる、たくさんの「いいね」や「リツイート」がついている情報や記事が正しいものだと思い込んでしまいます。

このように今の時代に生きるわたしたちは、SNS上で数年前とは比較にならないほどの自分の価値観と近しい情報を浴びるほど受け取っているのです。

「エコーチェンバー現象」に陥らないための具体的な対応策として、

- SNS上であえて自分の意見と反対意見に目を向ける
- 「エコーチェンバー現象」の存在を常に認識しておく
- ブラウザの設定を変更し、検索履歴が残らないようにする

といったことが挙げられます。また、「エコーチェンバー可視化システム」も公開され

ているので一度チェックしてみてもおもしろいかもしれません。

SNSが主流となった今、「エコーチェンバー現象」によって視野が極端に狭くなってしまう可能性がとても高くなってしまっていることを、わたしたちは常に自覚しておかなければならないのです。

寺子屋

わたしたちに求められていることは、教育観をアップデートし、子どもたち一人ひとりが楽しく、学びやすく、心も体も頭も大きく成長できる教育環境をデザインすることです。それと同時に、「社会で求められる力」を子どもたちに獲得させてあげなければなりません。しかし、講義形式でただひたすら一方的に話を聞き、知識を丸暗記するだけの今の学校教育はあまりにも社会と乖離してしまっていて、取り残されてしまっているのです。

これからの時代、無理にわざわざ学校に行く意義を見出せず、子どもたちの中で学校を見限る「積極的不登校」が増えることも予想されます。さらに、教師も従来の教育方法が

なかなか通用しない事態に直面する機会が増えてくることも予想され、学級崩壊がさらに増え、教師の離職率が上がってしまうことも予想されます。だからこそ、もう少し社会も学校も保護者も教師も子どももおおらかに過ごせたらみんながハッピーになるとわたしは思っています。

わたしはこれからの学校の在り方のヒントが寺子屋にあるのではと考えています。

寺子屋では「個別教育」がおこなわれていました。当時、子どもが親の職業を継ぐことが一般的であったことから、親の職業や本人の希望をもとにした個別のカリキュラムが師匠によって組まれていました。子どもたちにはそれぞれに合わせた教科書である「往来物」が用意されていました。農民の子どもには「百姓往来」、商人の子どもには「商人往来」、職人の子どもには「番匠往来」などが用意されていたのです。まさに学校教育と「社会で求められる力」が合致していたのです。

学習スタイルも「自学と学び合い」が中心でした。教師が現在のように大勢の生徒に一斉授業で教えることはほとんどありません。わからないことがあれば友だちに聞いたり、教えたり教えられたりしながら主体的に学んでいました。

他にもカリキュラムの裁量権が寺小屋に委ねられていたこと。それぞれの寺子屋の教育内容は横並びではなく独自色を出していたこと。異年齢集団で学び合っていたこと。おおらかな雰囲気で学び合っていたこと。

このように寺子屋では今の学校教育の課題となっていることの解決に向けてのヒントがたくさんあるのではと考えています。もちろん、現行の学校教育システムとの折り合い、同僚教師の実践への理解なども必要となってくると思います。

その上で、わたしが実践している令和時代の学級づくりについてこれから述べていこうと思います。新しい時代の学級づくりのキーワードは「秩序」「遊び」「自己選択」です。

【参考】

高橋　敏　二〇〇七『江戸の教育力』筑摩書房
沖田行司　二〇一七『日本国民をつくった教育：寺子屋からＧＨＱの占領教育政策まで』

第3章

秩序

子どもたちを自由にさせると学級が崩れる？

「子どもたちをもっと信用して自由にさせてあげてください」

こんなことを言うと、自由にさせると子どもたちが勝手気ままに振る舞うようになってしまう。何でも許してしまうと子どもたちになめられてしまう。そんなことをすると学級が崩れてしまうリスクが生じる。こういった声を多く聞きます。このように子どもたちをハンドリングしない学級づくりをすることに不安感を抱く先生方も多いでしょう。でも、結論から言うと大丈夫です。

わたしは長い間、教育困難校に勤めていました。その経験から、難しい学級を担任したときの学級づくりのポイントはたった一つだけだと感じました。それは子どもたちが学校で起こす問題行動の許容範囲をできる限り広くすることです。

わたしが二年目のときのことです。授業中もまったく落ち着かず、離席やエスケープを繰り返していた男の子がいました。そこで思い切って立ち歩きや私語を活用した活動的な授業をすることにしました。そうすることでその男の子が授業に参加しやすくなると考えたからです。そして、指導すればするほど反抗的な態度をとるようになっていったので、指導する回数を減らすために指導の深追いはしないといったことも意識するようにしました。こういった取り組みを地道に続けていくことで、その男の子は劇的に落ち着いていきました。

ＡＳＤやＡＳＤ傾向の子どもが多く在籍する学級や素行不良や素行不良傾向の子どもが多く在籍する学級では子どもたちに教師の話を静かに姿勢よく聞くなどの学習規律を守らせることがとても難しいのです。こういった学級での学級づくりに失敗してしまった多くの教師の共通点が、子どもたちに学習規律を守らせようとし過ぎていたことなのです。学習規律を守らせようとして、子どもたちに小言や叱責が多くなってしまったことで、結果として教師と子どもたちとの関係が破綻してしまったのです。

ここから、指導を緩め子どもたちをある程度自由にさせることと、学級が崩れることとは必ずしもイコールではないことがわかっていただけると思います。もし、指導を緩めることで学級が崩れてしまうのであれば、教育困難校は学級崩壊だらけになってしまいます。

でも、決してそんなことはありません。それではどういったことを意識して学級づくりをすればよいのでしょうか。それは学級内に「秩序」があるかどうかです。

学習規律を見つめ直す

学級づくりがうまくいくかどうかの肝は学習規律をいかに子どもたちに守らせるかどうかだと考えられることが多いでしょう。しかし、わたしは学級づくりの良し悪しと学習規律はほとんど関係がないと考えています。

小学校では「○○小スタンダード」「○○小学びの手引き」といったかたちで学習規律が事細かく決められていることがよく見受けられます。子どもたちの持ち物を統一し、時に机のどこにどの筆記具を置くかといったことまで事細かく決めている学校もあるでしょう。また、何らかの「話型」をスタンダードにしている学校はかなりあるでしょう。これらの「○○小スタンダード」「○○小学びの手引き」を守らせなければ本当に学級が崩れるのでしょうか。冷静に考えてみると、そんなことはないといったことがすぐにわかるはずです。学級が崩れてしまう原因は学習規律ではなく、他にあるはずなのです。

例えば、A小学校では机のどこにどの筆記具を置くかといったことを決めているとします。一方のB小学校ではそんなことを決めていません。では、B小学校の学級は崩れてしまっているのでしょうか。崩れていないはずです。ここから机のどこにどの筆記具を置くかといったことは、学級が崩れてしまう直接の要因ではないことがわかるでしょう。他の学習規律も一緒です。でも、学校内には例外を認めてしまうと、規律が緩むから学習規律や学校のルールは徹底的に守らせなければならないといった考えも根強いです。

そもそも学習規律は何のためにあるのでしょうか。これまでの日本の教育の画一主義があちこちで批判され、多様性の尊重や個別最適化の実現に向けて日本教育は舵を切ったはずです。しかし、「○○小スタンダード」「○○小学びの手引き」を徹底的に守らせることはまた以前のような画一主義に戻ってしまっているのです。

このようなルールや規律のスタンダード化の背景には、あまりに多様化しすぎた学校現場の混乱を個々の教師ではハンドリングできなくなってしまったので、何か共通の決まりごとを決めるニーズが生まれたのでしょう。また、ベテラン教員の大量退職に伴って、経験不足の若手教師が増えていくことによる学校教育力低下を防ぐためという意味合いもあるかもしれません。

しかし、本来ならば一人ひとりの子どもたちの学びやすさは千差万別であるはずです。それにも関わらず、学習規律が子ども主語ではなく、教師主語になってしまっていることが問題なのです。教師が子どもたちをハンドリングするため、学級を崩さないようにするための重要な要因の一つとして学習規律が論じられてしまっているのです。でも。それは大きな勘違いなのです。学習規律と学級が崩れることとはまったくの別問題なのです。勇気をもって学習規律を緩めてみてください。教師も子どもたちもずいぶん楽になるはずです。

学級崩壊は「秩序」がなくなるから起こる

では、なぜ学級が崩れてしまうのでしょうか。それは「秩序」がなくなるからです。学級で「秩序」がある状態とは、何人も誰からも精神的、肉体的に傷つけられることのない状態だと言えます。しかし、学級崩壊してしまうといじめや暴力沙汰が日常的に起こってしまったり、担任の指導も一切入らない状況になってしまいます。まさに学級が無秩序な状況に陥ってしまうのです。「秩序」がなくなる要因は教師と子どもたちとの関係の破綻です。

学級を崩してしまう教師には三つのパターンが考えられます。

一つ目は「高圧的ガミガミ教師」です。このタイプの教師は子どもたちにルールを守らせなければならないといったマインドに縛られてしまっていて、いつの間にか子どもたちにルールを守らせることを教育活動の主目的にすりかわってしまっている可能性が高いのです。結果として、子どもたちの声を聴かずに、子どもたちにルールを守らせるために小言ばかり言ってしまい、子どもたちとの関係が破綻してしまうのです。

二つ目は「頼りにならないゆるゆる教師」です。このタイプの教師は優柔不断で優しすぎるのです。あまり厳しく叱ると子どもたちがかわいそうだと感じてしまったり、子どもたちから嫌われたくないといった思いがあって優柔不断な態度をとってしまうのです。このタイプの教師はリーダーシップをとることが苦手で、学級内でのトラブルをきちんと解決させることがなかなかできていないことが推察されます。また、教師が決めたルールを子どもたちに守らせていないことも見受けられるでしょう。その結果、どんどんルールがルーズになり「秩序」が崩れていってしまうのです。

三つ目は「近寄りがたいと思わせてしまう教師」です。このタイプの教師は子どもたちに直感的に近寄りがたいと判断されてしまう傾向があります。見た目が不潔である。体臭や口臭がきつい。小さい声でボソボソしゃべる。話が極端につまらず、何を言っているかわからない。とにかく高圧的である。学年はじめに子どもたちから近寄りがたい教師だと判断されてしまうと、学級づくりが極めて難しくなってしまう傾向があります。子どもたちが自分たちにはかなわない教師だと感覚的に判断すれば、目に見えない形で反発的な態度をとるようになっていきます。逆に反発をしても大丈夫そうな教師だと子どもたちが判断すると、目に見える形で教師に対して反発するようになります。その結果、少しずつ子どもたちのルールを守ろうとする意識が弱くなっていき、それぞれが勝手な言動をとるようになっていきます。

「高圧的ガミガミ教師」は、教師の理不尽な指導、子どもたちの納得感のない指導に対し、学級の子どもたちが教師に不信感を抱き、教師の指導に反発するようになります。この問題をクリアするために、子どもたちに何かさせるときにはきちんと趣意説明をすることがポイントとなります。また、自分の思いを子どもに伝える前に「子どもの声」をしっかりと聴いてあげることを意識することが大切です。

「頼りにならないゆるゆる教師」は、学級のルールを守っても守らなくてもどっちでもよい雰囲気を学級内につくってしまいます。また、教師のリーダーシップが弱いので、子どもたちが個々に自己中心的なリーダーシップをとるようになっていきます。稀に「頼りにならないゆるゆる教師」の学級が素晴らしい学級になることがあると言われています。その理由が、教師が頼りないがゆえに、子どもたちの自律力が育ち、学級内に高度な自治システムができ上がるからです。しかし、多くの学級では子どもたちがそれぞれに勝手なこ

図1｜学級崩壊のパターン

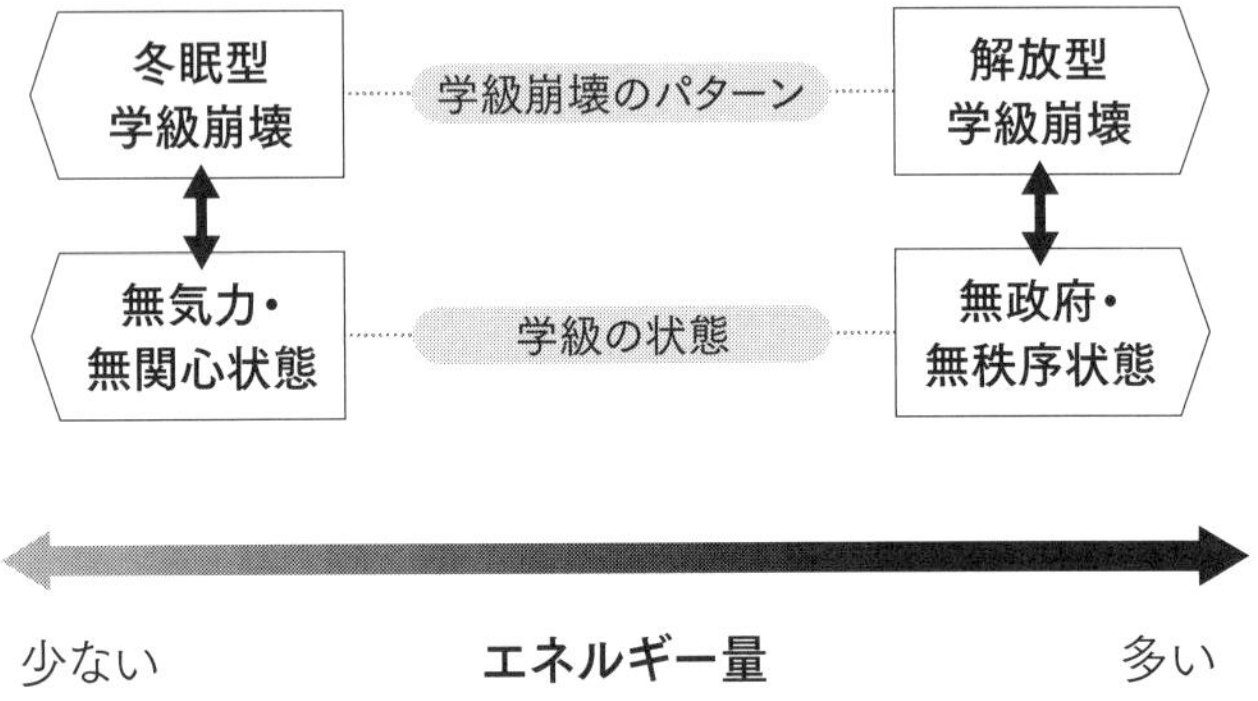

とをし出し、収拾がつかなくなってしまいます。

この問題点をクリアするためのポイントは、他人を傷つけた場合、勇気をもって子どもたちに厳しく指導することです。そして、その際になぜ叱ったのかの理由を具体的に伝えることが大切です。

「近寄りがたいと思わせてしまう教師」であっても個人の努力で何とかできる部分も大いにあります。ハキハキ大きな声でしゃべる。長々と話をしない。見た目や体臭、口臭に気をつける。教科書通りの授業ではなく雑学も織り交ぜる。こういったことを意識するだけでもずいぶん子どもたちの反応が変わってきます。

このように、プロセスはちがえど、学級の「秩序」が乱れてしまうことで学級が崩れてしまうのです。

さて、学級崩壊についてもう少し詳しくみていこうと思います。学級崩壊には2パターンあります（図1）。多くの先生方の学級崩壊のイメージと言えば「解放型学級崩壊」でしょう。無秩序で騒乱状態になってしまっている学級のことです。実は学級崩壊にはもう一つのパターンがあるのです。それが「冬眠型学級崩壊」です。静かに座っているが、覇気がなく無気力、無関心になってしまっている子どもが多い学級のことです。塾の宿題などの内職をしたり、友だち同士で手紙のやり取りをしたり、寝てしまっている子どももいるでしょう。様々な要因が重なり、どちらかの「学級崩壊」が表出します。

どちらの学級崩壊になったとしても、根本原因は「秩序」が乱れたことなのです。

【参考】

深澤　久　二〇〇九『鍛え・育てる―教師よ！「哲学」を持て』日本標準

子どもたちが好きな教師とは？

ここで興味深い調査資料を紹介しようと思います。

・明るい　・元気　・遊ぶ　・適切な叱り　・まとめる

この5つの項目は子どもたちにどんな教師が好きなのかをアンケート調査した結果です。

この項目をもう少し具体的に見ますと、毎日笑顔で明るく元気に子どもたちに接してくれる先生。休み時間は一緒に遊んでくれる先生。ダメなことをしたらなぜ注意をしたのかといった理由を添えて、子どもたちが納得できるような注意をしてくれる先生。困っていたらその場をとりしきってくれる先生。つまり、これらを日々意識して学級づくりをすることで、子どもたちとの信頼関係を構築でき、学級が崩れるリスクが格段に減少します。

先ほど学級を崩してしまう三つのタイプの教師が「高圧的ガミガミ教師」、「頼りにならないゆるゆる教師」、「近寄りがたいと思わせてしまう教師」と書かせてもらいました。まさに子どもが好きな教師とは真反対になっているのです。

学習規律を徹底的に守らせ、子どもたちをしめておかないとなめられるといった認識はそもそも間違っているとわたしは考えています。「なめられる」といった発想をもってしまっていることが、教師が子どもより立場が上で、その序列を崩したくないといったおそれの表れだと思うのです。先ほど紹介した調査結果を意識して子どもたちと接すると、多少なめられたとしても、一線を越えて教師に反抗的な態度をとることは決してありません。

【参考】
児童・生徒の教師認知に関する探索的研究—校種別の比較検討— 松本麻友子
子どもの発達段階と好かれる先生・嫌われる先生—小学生—『児童心理』一九九七年八月号臨時増刊、島田美佐江

秩序を乱さないために

では「秩序」を乱さないようにどうすればよいのでしょうか。

わたしは子どもたちを叱ります。子どもたちがダメなことをしたときにはしっかりと叱ります。

・命にかかわること
・いじめにつながること

まず、この二つについてはとても厳しく叱ります。時と場合によっては怒鳴って叱ります。この二つは有無を言わさずにすぐにやめさせなければならないことだからです。学級開きの際に「先生がとても厳しく叱るポイント」として事前に子どもたちには伝えています。そうすることで子どもたちもなぜ叱られているかが理解でき、納得感も高くなるからです。

次に日常的に「叱る」ポイントとして

- 他人を傷つけていないかどうか
- 自分を大切にしているかどうか

の二つだけを意識しています。

これら以外の学校で定められているルールももちろん指導はします。ただし、指導の深追いはしません。一度か二度注意するだけです。学校で定められているルールを、自分の学級の子どもたちにだけ指導しないわけにはいきません。学校教育は一年で完結するわけ

図2｜指導の軽重による指導方法のパターン

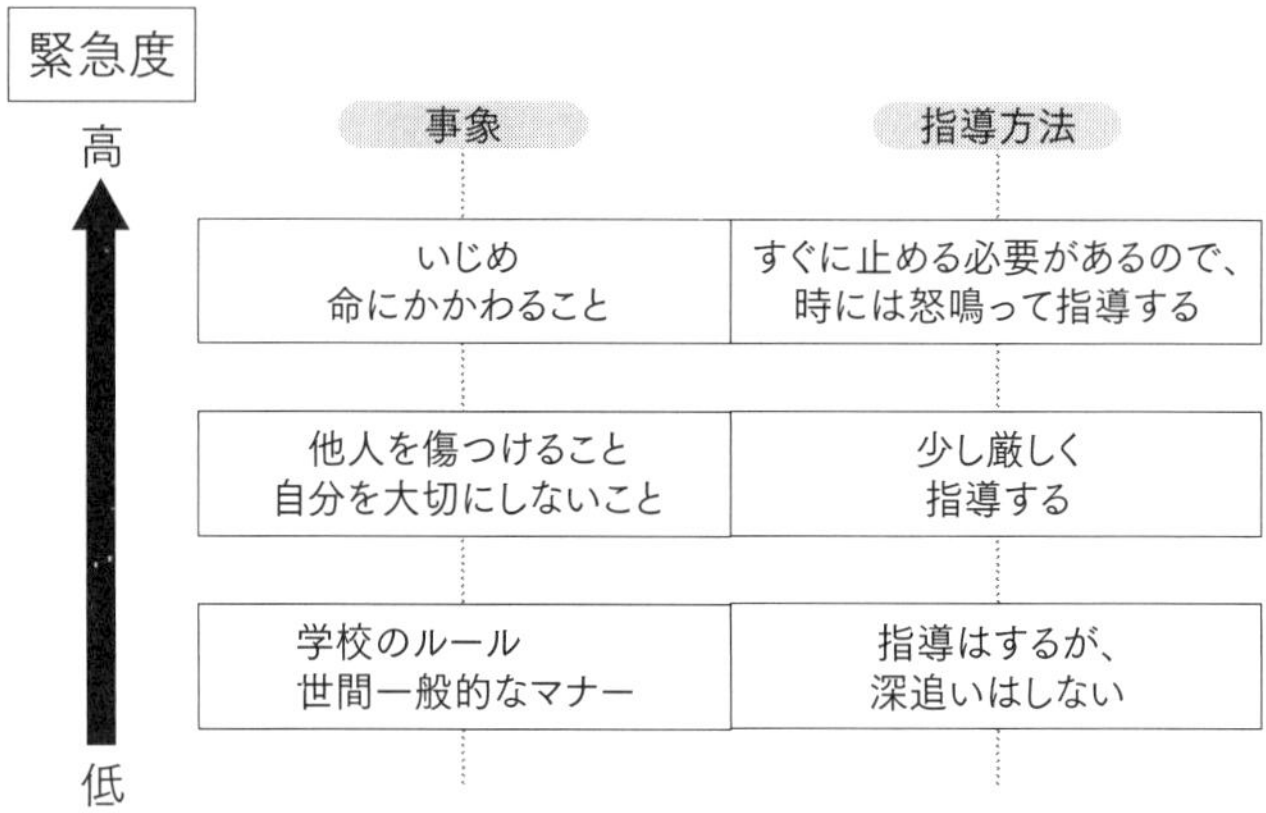

ではなく、各担任がリレー形式で六年間かけて完結するものだからです。ただし、学校のルールの中でも「他人を傷つけている」「自分を大切にしていない」と判断すれば少し厳しく叱ります。このように「叱る」の軽重をつけるのです（図2）。

ただし、叱る際には子どもたちとていねいに対話をし、なぜ叱っているのかをわかりやすく伝え、子どもたちの納得感が高くなるようにします。

学級のどんな子どもも誰からも精神的にも肉体的にも傷つけられないことを意識して「叱る」ことで、学級内の「秩序」が乱れてしまうことを防ぐことができます。また、子どもたちはそれぞれに「思い」をもっています。その「思い」を通そうと教師にせまってくる子どもも中にはいます。それにおされて、教師の叱る基準がぶれてしまわないようにすることも「秩序」を乱されないための大切なポイントです。前述した二つの叱るポイントは何があっても子どもに守らせます。ならぬものはならぬのです。

次頁の写真はわたしの学級の算数の授業の様子です。プリントで問題演習をするもよし。パソコンでドリルに取り組むもよし。ノートをまとめてもよし。友だちと問題の出し合いをしてもよし。一人で取り組もうが何人で取り組もうが自由。席を移動してもよい。学習規律がなく、ものすごく緩やかにそれぞれに自分たちのペースで学習を進めてくれていま す。ルールは二つです。他人を傷つけていないか。自分を大切にしているかどうか。これ以外は自由にさせています。一見すると学級が崩れていそうなのですが「秩序」があるので子どもたちは好き勝手なことはしていません。

トラブルは起こりやすくなる

子どもたちが自由に活動をし出すとトラブルが増えます。しかし、トラブルが増えたからといって慌てる必要はありません。組織が育つ際、必ずトラブルが増える時期があるからです（次頁図3）。同じように子どもたちもトラブルに対してネガティブなイメージをもっています。そのイメージを変えるために、子どもたちにトラブルは「成長のタネ」であること。そして、「タックマンモデル」を用いて、学級の育ちのプロセスを伝えます。そうすることで子どもたちの中でのトラブルに対するネガティブなイメージが少しずつ払拭されていきます。トラブルが起こった際の指導の鉄則は必ず客観的な事実に基づいて指導をするということです。

① 双方の話をしっかり聞く。必ず一人ずつ聞く
② 双方の思いの相違を聞く
③ 事前に仕入れていた客観的事実と相違があれば一つずつ確認をとる

図3｜タックマンモデル

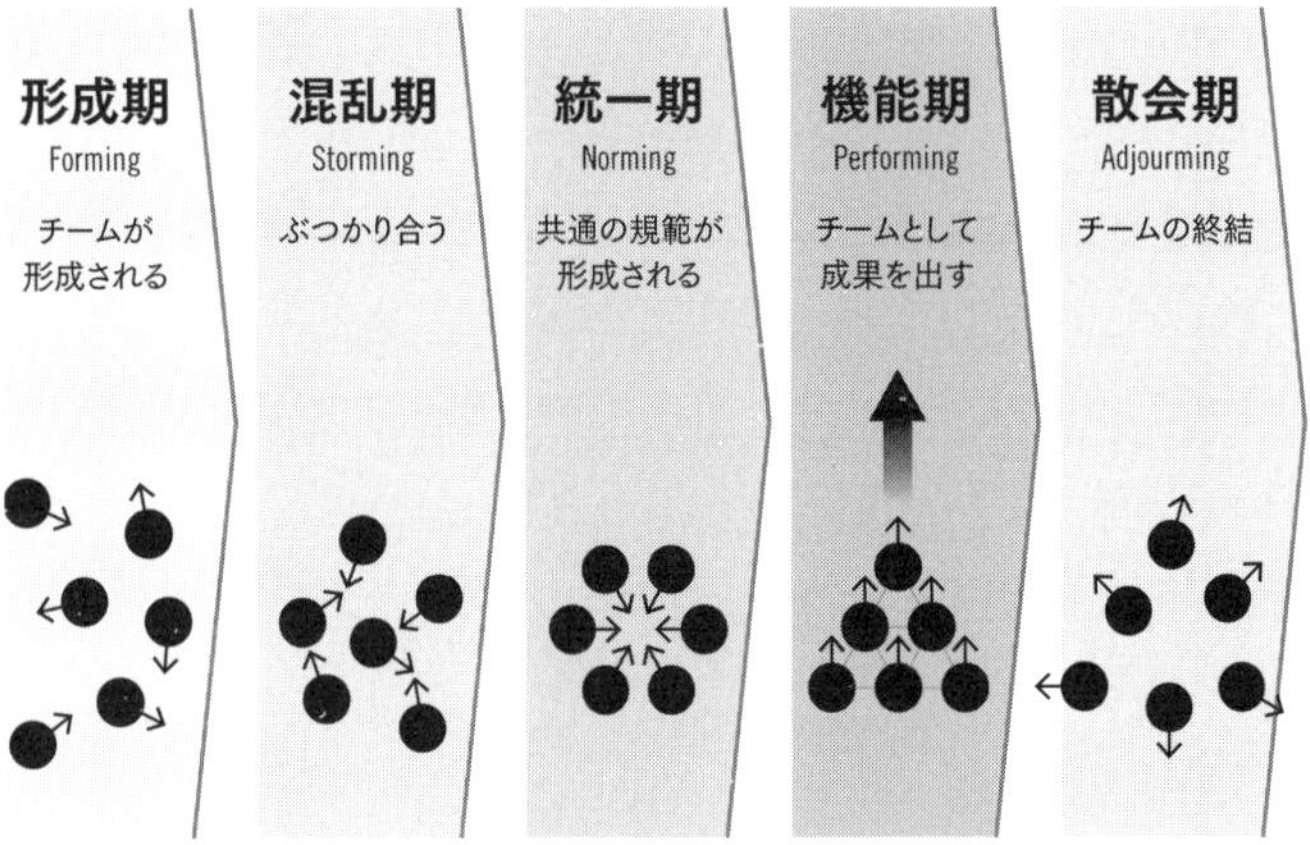

④子どもたちに△、×で自己採点させる
⑤△と答えた　↓　どうすれば○になるか考えさせ、相手に伝えさせる
×と答えた　↓　どうすれば△や○になるか考えさせ、相手に伝えさせる
⑥お互いに謝罪をさせる（必要がなければおこなわない）

トラブルが起こった際、原則この流れで一年間指導をしています。指導の流れをパターン化しておくと、子どもたち同

士でもトラブルを解決できるようになります。また、トラブルの指導後にお互いが納得できる案を考えさせるようにします。例えば、ドッジボールのルールで揉めているのであれば、一度冷静になってお互いが満足できるオリジナルルールを考えさせます。一学期は、教師が入って話し合いをさせます。そして、少しずつ手放していきます。

対立について工藤勇一先生は次の三つにカテゴライズしています。

- 考えの対立……「考え方」の相違から起こる対立
- 感情の対立……個人的な「感情」から起こる対立
- 利害の対立……お互いの利害の相違から起こる対立

ここを意識することで、わたしたちのトラブルの指導方法のマインドを変えることができます。

子どもたち同士で「考えの対立」はあって然りです。考え方がみんな同じであるはずがないからです。その「考えの対立」を乗り越え「利害の対立」を解決するために子どもたちの「考え」を修正させることがトラブルの指導で大切にしなければならないことなのです。

ここをおざなりにすると「考えの対立」が「感情の対立」に結びついてしまいます。「感情の対立」になるとコントロールすることが難しくなってしまいます。トラブルの指導方法も「考えの対立」と「利害の対立」をお互いにどのようにすり合わせていくかがポイントなのです。

しかし、トラブルの指導は「生もの」なので、状況に応じて柔軟に対応をしなければならないことも多々あります。

例えば、家庭でも学校でも押さえつけられて育ってきた子どもはウソをついて誤魔化してしまう傾向があります。そういった子どもを指導すると、いくら話し合いをしても誤魔化してしまうので話し合いが堂々巡りに陥ってしまいます。その場合、必ず押さえなければならない指導項目だけを押さえて指導をします。もちろんウソをついたり、誤魔化したりすることはダメなことです。しかし、自己防衛のためにウソや誤魔化しをしているので、教師がいくら高圧的な指導をしようともほとんど効果はありません。まずは友だちとなぜトラブルになったのか。そしてどのように行動すればよかったのか。この二つをしっかり学ばせます。ウソや誤魔化したことに関しての指導の深追いはしません。まずは、その子どもの思いをしっかりと受け止めてあげます。そうすることで、少しずつウソや誤魔化したりすることが減っていきます。まさに「北風と太陽」の寓話そのものです。わたしたちは「北風」の指導をしがちですが、「太陽」を意識した指導もしていく必要があるのです。

さぼっている子どもはいないのか?

ここまで子どもたちを自由にさせていると、さぼっている子どもはいないのかといったことも気になると思います。結論から言うと、さぼっている子どもはいます。

教育は強制させなければならないものだといった意見もあるでしょう。無理やりに勉強させられたことが、結果的に役に立ったという人もいるでしょう。もしかすると教師はこういった考えをもっている人が多いかもしれません。その理由は、教師は社会的にいわば「勝ち組」に入るからです。努力が足りない。さぼっているからできないのであって、失敗は自己責任だ。こんな言葉をつい言ってしまっていませんか。わたしたちは自分自身の出自や生育環境の有利さを勘定に入れず、不遇な生活・教育環境の人たちがいれば、彼らの努力不足だけをつい責めてしまいがちなのです。しかも、世の中のシステムの多くは「勝ち組」によってデザインされています。教育も然りです。「教育は強制」の成功体験をもった「勝ち組」の人たちによって今の学校教育がデザインされているのです。

わたしは既存の学校教育システム内で可能な限り自由な教育をしたいと考えています。目を輝かせて入学してきた一年生が、学年が上がるにつれてどんどん目に輝きがなくなっていきます。そして、卒業するときにはほとんどの子どもに一年生のころのような目の輝きが失われてしまいます。それをどうにかしたいと考えているのです。

わたしの「さぼり」に対しての見方が変わった出来事がありました。

理科の学習で、運動場へ「春見つけ」に行きました。そこでエスケープや離席が多かったやんちゃな男の子がノートも持たずにたんぽぽの綿毛を友だちとひたすらとばしていました。その様子を見つけたわたしは、

「富山さん。今、何をしなければならないかわからないんですか？」

「えっ……だって……」

「だってじゃないでしょう。早く春見つけしてきなさい」

しかし、注意をしたのにも関わらず富山さんたちは綿毛とばしをやめませんでした。そのことにイラっとしたわたしは、

「いい加減にしなさい」

少し声のトーンを低くして厳しく注意をしました。何かを言いたげで不満そうな顔をしてノートを持って運動場の別の場所に行きました。結局その時間に富山さんたちは「春見つけ」をせずにただしゃべっているだけでした。

授業が終わってから、富山さんたちと話をしてみることにしました。

「さっきの時間、綿毛とばしてたけど何で綿毛をとばしてたの？」

「だれの綿毛が一番とぶかの競争をしててん。あとは綿毛がどんな風にとんでるかチェックしてたてん」

そのことを聞いてわたしははっとしました。それは自分の指導の至らなさに気がついたからでした。実は、富山さんたちは「春見つけ」をしていたのです。でも、わたしの中でイメージしていた「春見つけ」とはまったくちがう「春見つけ」をしていたのです。だか

ら、わたしは富山さんたちが「春見つけ」をしていないと判断し、一方的にさぼっていると決めつけ指導してしまっていたのです。

この出来事以降、わたしは、子どもたちがさぼっていると感じても一呼吸おき、すぐに指導しないことを心掛けるようにしました。一体なぜ子どもがその言動をとっているかの文脈をまず捉えることを意識することにしたのです。その後、サボっているように見えてサボっていないこともあるということを常に意識しながら実践をおこなうようになりました。

また、「さぼる」と一言で言っても様々な「さぼる」が考えられます。

- 何に取り組んでいいのかわからない
- 学習内容がわからない
- 学習内容がおもしろくない

もしかすると他にも理由が考えられるかもしれません。しかし、「さぼる」原因の大元は実は一つなのです。それは、学習が子どもたちの中で自分ごとになっていないことです。課題にやらされ感があるのでやる気スイッチが入らずにさぼりたくなるのです。ここに挙げた理由には子どもたちの主体性がありません。課題が与えられて行動しようとしています。主体性が育てば、拙いなりに自分で課題を見つけ取り組もうとします。学習内容がわからないのであれば、わかるように努力をするようになります。学習内容も自らの興味・関心のある内容であれば楽しみながら取り組むようになります。つまり、「さぼる」ことを防ぐにはいかに学習することを子どもたちの中で自分ごとにさせるかがポイントなのです。

担任する子どもたちは、家庭や学校で定められたしつけやルールなどをトップダウンで有無を言わさずに守るように強制されているでしょう。その結果、子どもたちは学習に「やらされ感」を強く感じてしまっているのです。「やらされ感」が強くなると、自分ごとだと感じにくくなってしまい、学習意欲が低くなってしまうことが考えられます。さらに、子どもたちは指示待ち姿勢を体得してしまいます。

主体性が育ってくると「さぼる」質が変わってきます。

・自らの学習のペースを考え、息抜きする

自由な教育とは決して子どもたちを放任する教育ではありません。教育環境の整備と学びの仕掛けの工夫をする。その中で自由に子どもたちに学ばせる。そして、適切なタイミングで適切な支援をおこない、子どもたちの学びのスイッチを入れ、子どもたちが自ら知識やスキル、価値観を求めて協同的に学ぶようにする。そうすることで、子どもたちの自己肯定感が育まれ、結果として心も頭も体も大きく育つと考えています。学校は寺子屋のように教師は教育環境デザイナーのようであるべきだと考えています。

今の学校での学習内容は実生活と乖離した学びが多く、画一的に評価されることにより学びの多様化を萎縮させてしまっています。本来ならば人生を豊かにするために学びがあるはずです。でも、今の学校教育では受験や就職活動のための学びになり下がってしまっているのです。結果として、学びが無味乾燥なものになってしまい、子どもたちの中に序列を生み、子どもたちの中に優越感と劣等感、時には諦めさえも生んでしまうのです。そして、たかだか学校教育にフィットできなかっただけで、自己肯定感が損なわれてしまうのです。

わたしの学級では、自分のペースで学習を進めて息抜きをしている子どももいます。その一方で、四六時中さぼっているわけではありませんが、時として活動中にさぼってしまっている子どももいます。それはわたしの教育環境のデザインが悪いからです。しかし、可能な限り子どもたちに学習を強制しないように意識することで、子どもたちがさぼるといった行為はかなり減少します。

後日談になりますが、わたしの「さぼり」に対する見方が変わった出来事に出てきた富山さん。彼はどんどんさぼらなくなり、三学期には離席やエスケープもほとんどなくなりました。学びのコントローラーを子どもたちに委ねることには勇気が必要です。しかし、学びのコントローラーを子どもたちに委ねることで子どもたちのやる気スイッチが入り、「さぼり」が確実に減ります。

奈良市立　　小学校　3年3組　　令和　年4月　日

学級通信“めがねをかけた いっぴきオオカミたち”

第8号

それは本当にずるいのか？

きのうはどうとくの学習で『先生が「Aくんは算数の問題1問だけときなさい。ほかの人は5問ときなさい。」と言ったらずるいかどうか』を考えましたね。

20人中19人がずるいと考えました。でも、人によってそれぞれ出来る、出来ないのちがいがあるのに、本当にいつもみんないっしょのことをしなければならないのでしょうか。たとえば、自転車にのれない人には手をつないで練習をすることが多いでしょう。でも、自転車にのれる人には手をつないで練習をすることはないでしょう。ピアノのレッスンでも、初心者はかんたんな曲から練習します。実は、『平等』と『公平』をみんなはいっしょに考えてしまっているのです。全員に同じものを用意するのが『平等』です。人それぞれちがうものを用意して、同じことが出来るようにするのが『公平』です。もちろん、先生は『平等』にすることも大切にしています。しかし、『公平』にすることも同じだけ大切にしています。

この2週間、先生の言動が人によって少しちがっていたこともあったでしょう。それにはこんな理由があったからなのです。この1年、『ずるい』と思う回数をへらして、自分自身のかしこさをたくさんレベルアップさせることを意識してみてください。3年生には少しむずかしい話だとは思いますが、心のどこかに今回のことをとどめておいてください。

子どもたちは間違った平等主義に陥ってしまってる

教師がハンドリングしない学級づくりに舵をきる上で、クリアすべき大きな課題の一つとして「ずるい」問題があります。

「ずるい」問題とは子どもたち一人ひとりに個別対応をした際に、あの子だけ「ずるい」といった声が必ず出てきます。この声を放っておくと、教師の不信感につながりますし、子ども同士のいじめにもつながりかねません。なので、四月はじめに先手を打って「ずるい」問題に教師が振り回されないようにします。

教師になって二年目のときのことです。わたしの学級にはなかなか落ち着くことが難しい男の子がいました。彼に厳しい指導をするとスイッチが入り、見境なく暴れてしまうことも度々ありました。なので、他の子どもたちより少しだけ指導を緩めることにしました。でも、他の子どもからこんな声が出てきました。

「先生、奥田さんだけ優しくしてせこいやん。えこひいきや」

当時のわたしには、その子どもに返す言葉が見つからず感情的に指導をしてしまいました。

その日の放課後、当時の学年主任の先生にどう対応すればよかったのかを相談しました。すると、おもむろに学年主任の先生は、

「公平と平等について調べてごらんなさい」

わたしはどういうことかよくわからないまま、それぞれの語句の意味を調べてみることにしました。すると、

「平等」……個々の差異は無視して全員に「同じもの」を与えること
「公平」……個々の差異に配慮し、均等な「機会」を与えること

といったことがわかりました。調べ終わると、その先生はニコッと笑って、

「人それぞれ課題がちがうんだから、全員同じように接することなんてそもそも無理なことなのよ。この二つのちがいを子どもたちにていねいに説明してあげてみて」

目から鱗とはまさにこのことでした。このことは今でもわたしの教育の軸であり、四月に必ず子どもたちに伝えています。子どもたちは「平等」と「公平」の区別がついていないのです。ここを押さえておくかどうかが、教師がハンドリングしない学級づくりがうまくいくかどうかの大きなポイントとなります。

子どもたち同士で注意をさせない

わたしは雰囲気の「やわらかい学級」をつくりたいと考えています。全員がゆるやかにつながりあっている。子どもたちの個性が活きている。何より全員が毎日楽しいと思える学級をつくりたいのです。

わたしの学級には細かいルールがありません。学級がルールでがんじがらめになってしまうと「やわらかい学級」をつくることが難しいと考えているからです。

ルールがたくさんあると教師も子どもたちも物事への柔軟な対応が難しくなります。ルールを守ることや守らせることが目的になってしまい、結果として形式主義に陥ってしまうリスクがあるのです。人は形式主義に陥ると思考停止になってしまって硬直的な態度になってしまいます。また、ルールを守ることや守らせることが目的化してしまうと、他人が傷ついていないか、自分を蔑ろにしてしまっていないかといった視点がすっぽり抜けてしまうリスクもあるのです。

本来はみんながハッピーに毎日過ごすためにルールがあるはずです。でも、ルールを守ることや守らせることが目的になってしまうと、皮肉なことに真逆の結果を生んでしまうこともあるのです。教師が逐一ルールを守っているかチェックしている学級。子どもたち同士でルールを守っているかどうかチェックし合っている学級。こういった学級では「やわらかい学級」にはならないと思っています。

「やわらかい学級」をつくる上で、子どもたち同士で注意をし合うことをできるだけさせないようにしています。それは子どもたち同士で注意をし合うことでのデメリットが多いと思っているからです。まず注意をする子どもがどういった気持ちを内にもって友だちに注意をしているかわからないからです。教師に認めてもらいたいから注意をしているのか。もしかすると、仲があまりよくなく腹いせで注意しているかもしれません。注意をされた子どもも注意されたことに納得感をもつことはほとんどありません。むしろ、注意をした子どもに不満感を抱くこともあるでしょう。

このように、子どもたち同士で注意をし合うことはデメリットがとても多く、子どもたち同士の人間関係がギスギスしてしまうことにつながってしまうのです。他人への「寛容」さがなくなってしまうことにもつながってしまいます。そこで、わたしは四月に、子どもたち同士で注意をし合うことを原則やめるように伝えます。

高学年であれば、注意するといった行為について具体的に、

・注意をするのであれば、自分もきちんと取り組まなければならない
・相手が嫌な気持ちにならないように伝える
・後日、友だちがきちんと取り組めているかチェックし、取り組めていれば「ナイス!」と声をかける
・自分の中に友だちに「ずるい」といった気持ちがないかどうか考える

といったことを意識しなければならない「難しい行為」なのであると伝えます。低学年、中学年であればもう少し簡略化して伝えます。こういったことを伝え、友だち同士で注意し合うことは難しいので原則止めようと伝えます。何か気になることがあるのであれば、教師に個別に伝えにくるように言います。

当番活動をやめてボランタリー・サービスにする

「やわらかい」学級をつくるために当番活動も少し工夫をしています。

時々、当番活動と係活動がごちゃ混ぜになってしまっている学級を見かけます。そもそも、当番活動と係活動とはどうちがうのでしょうか。

- 当番活動……学級でだれかがやらないと困るもの
- 係活動………なくてもいいけど、あれば学級が盛り上がるもの

当番活動は自分の仕事に責任をもって取り組むことの大切さを学ばせることを目的としています。しかし一方で、当番活動のデメリットもあります。以前、こんな出来事がありました。

配り係がノートなどを配ることになっていたのですが、下校直前になってもノートが配られていませんでした。そこで、わたしがみんなに、

「ノート配られてないけど大丈夫なの？　誰か手伝ってあげたら？」

と言うと、

「ぼくたち配り係じゃないんで」

と答えたのです。注意をしようとする気持ちも通り越して、何を言ってるんだと思わず笑ってしまいました。


大人の世界では、手の空いている人がフォローすることが当たり前です。しかし、学級では当番活動制度を敷くことで、手の空いている人がフォローするといった意識が子どもたちの中で育ちにくくなってしまっているのです。なので、わたしの学級では当番活動で「ボランタリー・サービス」と従来の当番活動をミックスして導入しています。ミックスした当番活動についての詳細は、本項の最後に掲載している学級通信を参照してください。「ボランタリー・サービス」については甲斐崎博史先生、田中光夫先生、岩瀬直樹先生の実践を参考にさせてもらっています。「ボランタリー・サービス」とは、当番のように担

任が設定した仕事をするのではなく、すべて気がついた人がおこなう制度のことです。わたしの学級では基本的に当番活動はありませんが、一人に一役当番は割り振っています。ただし、あくまでも便宜的に設定したもので、どうしても誰にもお願いできないときなどに仕事を振るといったことにしています。

本棚の本が乱れていたら、そのことに気がついた人が本を整理整頓する。ノートなどの配るものが溜まってきたら、手が空いてる人が協力して配ればいい。

しかし、先生方の中で、そういった実践をすると何もやらない子どもが出てくるのではないかといった声があがるかもしれません。わたしはそれでも問題がないと考えています。例え当番活動に積極的ではなくても、他のところで積極的にがんばってくれているかもしれないからです。仕事を頼んだとき、たまたま他のことに熱中をしていたかもしれません。大人と一緒で子どもたちも得意不得意があります。わたしたち大人の社会でも、積極的にフォローする人もいるでしょうし、そうでない人もいます。もちろん、がんばっている子どもが不満をもたないようにねぎらうことは必要です。ステキな言動があれば学級で共有したりもします。

当番活動をやっているやっていないで教師と子ども、子どもたち同士でチェックし合い、注意し合って人間関係がギスギスしてしまうことは避けたいのです。子どもたちをもっと信用してあげてください。教師が腰を据えて待っていれば、いつか子どもたちは友だちのために何かをしようとしてくれます。

今の教育実践のほとんどは

・子どもたち一人ひとりに責任をもたせるため
・子どもたち一人ひとりに責任を果たさせるため

このように子どもたちに「責任感」をもたせることや育てることが主目的となっていることが多いのです。そのために、子どもたちの「さぼり」を可能な限り許さないようにしなければならず、ある程度子どもたちに強制することが必要になります。その緩衝材として様々な教育技法、ネタ、授業が開発されているといってもいいでしょう。

でも、わたしが目指す「やわらかい」学級は、みんなが「寛容」な気持ちをもってゆるやかにつながり合う学級です。そして、それぞれが得意なことを見つけ、楽しみながら様々なことに取り組み、みんなが笑顔になる学級なのです。こういったマインドをもつことが、民主的な学級づくりの第一歩だとも考えています。もちろん、学校ではすべてを民主的にすることは難しいでしょう。でも、この視点をもって、わたしは様々な教育実践を日々見つめ直しています。

【参考】

岩瀬直樹　ちょんせいこ　二〇一一『よくわかる学級ファシリテーション①―かかわりスキル編―（信頼ベースのクラスをつくる）』解放出版社

田中光夫　二〇二〇『マンガでわかる！　小学校の学級経営　クラスにわくわくがあふれるアイデア60』明治図書出版

奈良市立[redacted]小学校　3年2組　　令和[redacted]年[redacted]月[redacted]日

学級通信　**あっち こっち そっち どっち けせらせら！**

第11号

当番活動がスタートしました！

　当番活動がいよいよスタートしました。３年２組では当番をボランタリーサービス制度《せいど》にしました。

　学級がスタートして約１ヶ月。「黒板をけしてもいいですか？」「ノートくばっていいですか？」といった声や「カレンダーめくらないと日にちがわからない・・・」「時間わりがわからない」といった声が出てくるようになりました。そこで、教室にどんな当番活動があったらいいかみんなと話し合いをすることにしました。ビックリするくらいに当番活動のアイディアが出る出る！本当におどろきました！

みんなから出てきた仕事を「当番」にしてたんとうをふりわけるのではなく、自分がやりたい仕事をえらんで取り組んでもらうことしました。そして、当番をやっていない子がいれば「サボってずるいな～！！」といった考えではなく「まあ、わすれちゃうときもあるよね」といったやさしさを持ってほしいと先生は願っています。当番活動のたん当は決めます。でも、だれかが当番をわすれていたり、やった方がいい当番を見つけたらどんどん進んで取り組んでほしいです。やらされる当番からやりたい当番へ。そして、自分から友だちのために行動できるようになってほしいです。もしかのうであれば、２学期いこうは当番活動をすべてボランティア活動にしたいとも考えています。

　３年２組の主人公はだれなのか？先生ではありません。みんなです。先生はみんながしあわせにすごせるため、みんなが少しでもかしこくなれるようにお手伝いをする人です。しっぱいしたら先生がかならずたすけます。どんどん色々なことにチャレンジしてみてください。そして、１年後３年２組を日本一楽しいクラスにしましょうね！みんななら出来るはず！！

せいり・せいとん	
せいれつ	
くばり	
時間わり・天気	
日めくり	
ごみすて	
きゅう食チェック	
手紙チェック	
黒板消し	
そうじチェック	
あいさつ	

ミックスした当番活動を導入した際の学級通信

第4章

遊び

授業で負った傷は授業でしかケアできない

授業で負った傷は授業でしかケアできません。

授業中、上の空で無関心で無気力になってしまっている子どもがいるかもしれません。塾の宿題をしている子ども。教科書やノートに落書きをしている子ども。窓の外をボーっと眺めている子ども。何も考えずに淡々とただ作業をしているだけのような子ども。

一方で、授業中、どうにも落ち着かない子どもがいるかもしれません。離席を繰り返す子ども。まわりの子どもに邪魔をする子ども。私語がとまらない子ども。エスケープをしてしまう子ども。

無気力で無関心になってしまっている子どもも落ち着かない子どもも表出している言動はまるでちがうのですが、根本原因は「授業で傷つけられてしまっている」ということです。

つまり、授業がおもしろくない。授業なんかどうでもいい。こんな風に子どもたちが思ってしまった成れの果ての姿なのです。子どもたちは授業がおもしろくないと感じていたはずなのに、いつの間にか学習することがおもしろくないと感じてしまうようになるのです。

小さな子どもが夢中で絵本や図鑑を読んでいる姿をよく見かけるでしょう。その子どもがわたしたちより本や図鑑の内容を詳しく覚えていて驚いた経験は誰しも一度はあるでしょう。一方で、わたしたちが本や図鑑の内容を暗記することはそんなにかんたんなことではありません。それは、気合いを入れて何度も何度も時間をかけて反復して覚えなければならないからです。つまり相当な努力が必要なのです。努力することは時として苦痛を感じてしまうことがあります。しかし、子どもたちはちがいます。本や図鑑の中身を覚えようと努力などしていないことは明らかです。子どもたちは本や図鑑を夢中に読んでいるうちに自然と頭に入っているのです。決して強制しているわけではありません。もちろん、テストのためでもありません。ただ純粋に子どもたちは本や図鑑を読むことを楽しいと感じているのです。つまり、本来子どもたちというのは「学び」を楽しんでいる優れた学び手なのです。しかし、学校では「学び」がテストなどのためといった無味乾燥なものになってしまい、「学び」が好奇心に駆り立てられた楽しいものではなく、単なる知識の詰め込み作業になってしまっているのです。

先ほど書かせてもらった授業中の子どもたちの姿は、まさに「学び」を子どもたちに苦役と感じさせてしまった結果なのです。わたしたちは、子どもたちに再び「学び」を楽しいものだと感じさせること。そして、授業がつまらないものだと感じている子どもたちに授業は楽しいものだと捉え直させてあげなければならないのです。

授業以外の行事でどんなに楽しさを覚えたとしても、それによって授業も楽しくなるといったことはほとんどありません。みなさんも学生時代を思い返してみてください。おそらく多くの方がそうだと思います。つまり、授業が苦痛だといったマインドから授業が楽しいといったマインドに変えるためには、授業を一から見直す必要があるのです。そして、授業は楽しいものだということを子どもたちに感じさせてあげることが必要なのです。

授業で負った傷は、授業でしかケアできないのです。

授業で負った子どもの傷をケアする

雑学をいっぱい紹介して「ワクワク感」のある授業にする

楽しい授業をすることが授業で負った子どもたちの傷をケアするために最も大切なことだと考えています。わたしが考える楽しい授業とは子どもたちの知的好奇心が刺激されるような授業です。

例えば、六年生の社会科授業の導入であれば「江戸時代と現代とを比較してみよう」(図1) といった授業をすることが多いです。この実践は松森靖行先生の実践を参考にさせてもらっています。数年前にこの実践を知ったときの「ワクワク感」は今も忘れられません。この「ワクワク感」を子どもたちも味わえば、授業を退屈なものだと感じなくなるだろうと思いました。では、どうすれば子どもたちに「ワクワク感」をもたせることができるの

A

B

C

D

E

F

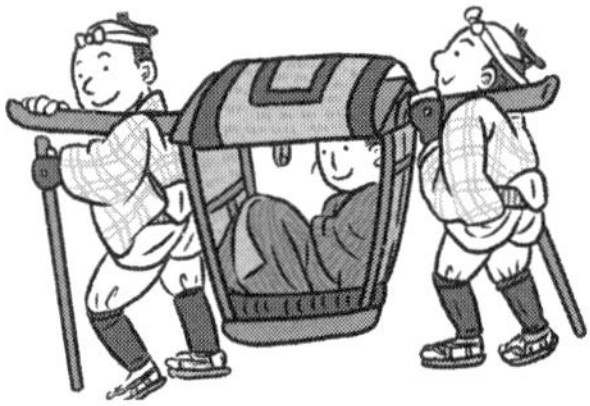

答え

と	と
と	と
と	と

図1｜社会 授業開きプリント

江戸時代と現在はそっくり!?

名前（　　　　　　　　　　　　　　）

みんながよく知っているものや利用しているものとそっくりなものが、実は江戸時代にもありました。さて、ここで問題です！江戸時代のイラストと現代の写真やイラストを見比べてそっくりなものはどれでしょう？ それぞれの番号とアルファベットを選んでみましょう。（例　①と B）

① レンタルショップ

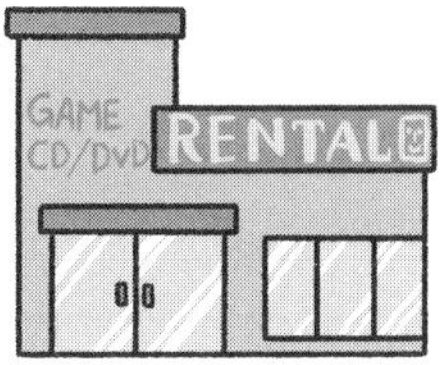

② タクシー

③ 宅配便

④ 学校

⑤ ハロウィーンパーティー

⑥ 100円均一

でしょうか。

人はまったく知らない事柄を見聞きすると「え？　どういうことだろう？」「もっと知りたい」といった気持ちをもちます。もちろん、個々に興味関心のある分野はちがいますが、様々な教科でたくさんの雑学を伝え続けることで子どもたちの知的好奇心が喚起されます。

例えば、この授業ではCのイラストを見て、江戸時代に仮装行列があったことに子どもたちは驚きます。すると何人かの子どもたちがなぜ仮装行列をしていたのかといった疑問をもちます。わたしは答えを言いません。子どもたちに疑問をもったことを大いに褒め、タブレットで調べてみなさいと伝えます。四月の段階では、わたしはノートにメモをとらせることを強制しません。書く作業が障壁となり、調べる意欲が減退してしまうリスクがあると考えているからです。もちろん、子どもたち自らノートにメモをとりたいと言えば許可をします。

わたしは子どもたちをハンドリングする学級づくりは見直した方がいいと考えています。しかし一方で、一斉授業で知識を伝えることは必要だとも考えています。文部科学省は学力の三要素を今後学校教育の柱としていくとしています。学力の三要素とは、

① 基礎的・基本的な知識・技能
② 知識・技能を活用して，自ら課題を発見し，その解決に向けて探究し，成果等を表現するために必要な思考力・判断力・表現力等の能力
③ 主体性を持ち，多様な人々と協働しつつ学習する態度

（引用）令和3年度大学入学者選抜実施要項について（通知）

まずは土台となる知識を蓄えていく。そして、知識を土台として思考力・判断力・表現力を学び、それらの要素をもって主体性・多様性・協調性を学んでいく必要性があるのです。学力の三要素を一つひとつ積み上げていかなければならないのです（図2）。何も知識がない状態での話し合いをすると、まったく中身のない話し合いになってしまうリスクがあります。逆に何をしたらよいのか、何を話せばよいのかがわからず、余計に授業がつまらないものになってしまい、かえって子どもたちの授業で負った傷を深くしてしまうことにもつながりかねません。教師は教育環境デザイナーであるべきだと言いました。子どもたちの思考力、判断力、表現力を育むために子どもたちに基礎知識が足りないと感じた

図2｜学力の三要素

のであれば、基礎知識を身につけさせる教育環境をデザインする必要があるのです。その環境づくりの一つとして一斉指導を選択することもありなのです。ただし、一斉指導する際、ただ単に教科書の知識を伝達するのではなく、学習する事項に関する子どもたちの解像度を上げることを意識するのです。そのために雑学を活用するのです。雑学を活用して、一つの事象を様々な視点、角度から捉えられるようにするのです。また、授業で雑学を活用することで子どもたちの「ワクワク感」を高め、知的好奇心を喚起させることもできます。先ほどの社会の授業開きの実践でも、教科書には載っていない雑学をいくつか活用しています。そ

の雑学を活用することで、子どもたちの解像度を上げること、子どもたちの知的好奇心を喚起付けさせることを意識しています。四月、五月にこういったことを意識した授業をたくさん実践することで、子どもたちの授業で負った傷を少しずつケアすることにつながるのです。

テストでいい点数をとって自信を取り戻す

日本全体が知識の習得よりも知識の活用に重点を置く教育にシフトしていくことはほぼ間違いないでしょう。教師の世界でも日に日にテストの点数、結果よりも大切なものがあるといった声が大きくなってきています。しかし、そうだからといって知識を問うテストが一切なくなることはおそらくないでしょうし、受験がなくなることもないでしょう。少しずつ知識活用型のテストが増えたとしても主流になることはまだもう少し先の未来の話になるでしょう。

このように、子どもたちとテストの成績は切っても切り離せない関係なのです。テストの成績が芳しくない状態が、いかに子どもたちの自己肯定感を下げる結果になってしまっているのかを教師は認識しておく必要があると思います。

わたしは勉強ができませんでした。もう少し詳しくいうと、中学校まではそこそこ勉強ができたのですが、高校に入ってからまったく勉強ができなくなってしまったのです。学校の成績が悪くなるのと比例して、どんどん自信がなくなっていきました。何とかがんばろうと努力はしたのですが、結局何をしてもうまくいきませんでした。そして、ある一線を越えた段階で学ぶことに一切楽しさを感じなくなり、勉強なんかどうでもよくなってしまいました。わたしのまわりには同じような想いをした友人がたくさんいました。みんな最初何とかしようと努力していたのです。でもうまくいかず、何とかしてわかろうとすることをあきらめたのです。

学ぶことが何だかワクワクする。テストでいい結果が出る。この二つのことから、子どもたちの学ぶ姿勢が劇的に変わることを今まで何度も何度もわたしは経験してきました。その理由はまさに今述べたことにあるんだろうと感じています。

勤めている地域によっては、業者テストで六〇点以下をとってしまう子どもがかなり在籍している学級もあるでしょう。そういった学級を担任したときは四月に学級全体でテストの解き方をていねいに何度も指導します。特におすすめなのが国語の業者テストの読解です。先生方が学生時代にやってこられた国語テストの解き方を噛み砕いて子どもたちに教えます。そうすると、子どもたちの点数が劇的に上がることが多いです。もし、業者テストで六〇点以下の子どもがほとんど在籍していない学級を担任したときは点数の低い子どもへ個別対応をします。なお、その子どもの自尊感情を損なわないようにテストに事前にヒントなどを書いておいたり、休み時間に解き方のコツを短い時間で何度も伝えます。ヒントは少しずつ減らしていきます。

どの教科でも構わないのです。たった一教科でも高得点がとれると、子どもの顔が変わります。そうすると、他の教科にも派生していきます。本来、テストは成績をつけるためだけのものではないはずなのです。テストは子どもが大きく成長するためのツールでもあり、子どもを傷つけてしまうものではダメだといったことをわたしたちはしっかりと認識しておかなければならないのです。

四月、五月に授業で負った傷をケアするしないで、それからの一年間の子どもたちの学びに対する姿勢が大きく変わっていきます。

楽しい授業のためにタブレットをフル活用する

「学び」は本来楽しいものです。でも、学校には「学び」の楽しさを感じるまでの障壁がとても多いように感じています。めんどくさい。はずかしい。わからない。できない。普段の授業でわたしたちはこういった気持ちを子どもたちの中に生んでしまっている可能性があるのです。その結果、学年が上がるにつれて「学び」の意欲がどんどん減退していってしまっているのです。子どもたちの目の輝きがまさにそれを示しているのではないでしょうか。では、「学び」を楽しく感じさせるためにはどうすればよいのでしょうか。

今は一人に一台タブレットが子どもたちに配布されています。従来の教育実践をタブレット活用に置き換えるだけで「学び」の楽しさを感じるまでの障壁をかなり取り除くことができます。しかし、我慢させずに楽をさせると将来苦労するといった根性論的な理由から、おそらく学校では子どもに我慢を強いた方がよいといった声が多いと思います。でも

本当に我慢を強いることが必要なのでしょうか。我慢には

・外発的我慢……人から押しつけられた意見や、居心地の悪い環境など、自分にふりかかるマイナスの圧力にたえる
・内発的我慢……ある目的遂行のために、自分の欲求に負けないように自らたえることを選択する

の二つの我慢があります。わたしたちが本来学校で子どもたちに培うべき我慢は「内発的我慢」のはずです。「外発的我慢」を強いて子どもたちに「学び」を苦役と感じさせてしまっては本末転倒です。それを防ぐためにタブレット活用は大きな効果を発揮します。子どもたちに「学び」を楽しいものだと感じさせることがまずは先決なのです。タブレットを活用することで、今までの学習が驚くほどワクワクするものに早変わりします。

その一つとしてＡＩ型タブレット教材があります。算数や漢字の反復練習でプリントを

使用している先生方も多いでしょう。しかし、子どもたち一人ひとりの習熟度に応じたプリントを準備することは現実的にかなり難しいでしょう。また、従来の一斉指導では一人ひとりの習熟度に応じた指導をおこなうこともかなり難しいでしょう。

ＡＩ型タブレット教材を活用するとそういったウィークポイントを克服することができます。ＡＩ型タブレット教材とは子どもたち一人ひとりの習熟度に合わせて最適な問題を出題するアダプティブラーニング教材です。ＡＩ型タブレット教材はゲーム感覚で学習を進めることができます。ＡＩ型タブレット教材として「Qubena」「すららドリル」などを導入している自治体も多いでしょう。わたしの勤務する自治体では低学年に「Qubena」が導入されていませんので別のサイトを活用しています。それは「新・ネットトレの学習教室」です。このサイトではＡＩが一人ひとりの習熟度に合わせて最適な問題を出題する機能はありませんが、自動採点してくれるので使い勝手はかなりいいです。子どもたちからの評判も上々です。

クイズアプリもとても有効なツールです。クイズアプリとして「Kahoot!」「Quizlet」「Quizizz」などがあります。クイズアプリを用いることでゲーム的要素が強まるので、授業の復習問題などを子どもたちが夢中で取り組むようになります。クイズアプリの強みは自由度が高いので子どもたちが主体となって子どもたち同士で楽しみながら問題を出し合うことが可能になることです。

わたしの勤務する自治体では「Adobe Express」が採用されているので手軽に動画を作成することもできます。

「Canva」もおすすめです。「Canva」はスタイリッシュなデザインを簡単に作成できる無料の画像編集ツールです。「Canva」を活用することで手軽にプロ顔負けのデザイン性のあるポスターや新聞、動画などを子どもたちが作成することが可能となります。このようにタブレットを活用することで今までの学習が「ワクワク感」のあるものに大変身します。

大人も子どももめんどくさいことより楽しいことがいいに決まっています。

わたしは板書をやめる勇気を時としてもつことが必要ではないかと考えています。板書をノートにただ淡々と写させることにほとんど意味がないと考えているからです。何度も繰り返しになりますが、学習することが作業になってしまうことはできる限り避けたいのです。そう考えると、パワーポイントのアニメーションの方が板書より学習効果が高いかもしれないのです。

なぜだかよくわかりませんが、学校現場ではアナログ的な作業が「善」だと思われる傾向があります。もちろん、アナログ的な作業がまったく必要ないとは思っていません。アナログならではの自由度もあり、とても楽しいと感じることもあるでしょう。しかし例えば、社会に出て新聞やポスターをアナログ的な作業で制作するスキルが本当に役立つのでしょうか。おそらく多くの仕事では、アナログ的スキルが役立つことはないでしょう。そう考えると、学校で新聞やポスターをかたくなに手作業で制作させる意義って一体何なのでしょうか。

子どものうちから「楽」を覚えさせてはいけないといった声があがるかもしれません。もしかすると、我慢をすることで見えてくるものがある。我慢をしたから成功したんだと考えている人もいるかもしれません。でも、たまたまそのやり方で成功しただけで、そうでない人も同じくらいいるはずなのです。人には合うやり方、合わないやり方があって、それを踏まえることが「個別最適化」につながっていくはずなのです。そもそも子どもだからといって、我慢を強いる必要性が本当にあるのでしょうか。そういったこともわたしたちは考えなければならないのです。そして、いかに学習することの「ワクワク感」を子どもたちにもたせられるかどうか。このヒントやツールがタブレットにたくさんあるのです。

「学び」から「遊び」に

「学び」＝「遊び」

「学び」と「遊び」は対比するものだと考えられがちですが、決して対比するものではありません。授業で負った傷をケアするにしても学習に興味をわかせるにしても、「学び」をいかに「遊び」に近づけさせられるかがポイントになっていると考えています。

また、二〇一三年度のＴＥＤ賞を受賞したスガタ・ミトラ氏が一九九九年におこなった「Hole-in-the-Wall：壁の穴」といった実験からも「遊び」から「学び」が始まることもわかります。

この実験の概略を紹介します。

インドのスラム街にある建物の壁にコンピューターを埋め込み、子どもたちに自由に使わせるとどうなるかを実験しました。この地域の子どもたちはほとんど学校に通わず、英語も何も知らず、コンピューターも見たことがなく、インターネットが何であるかも知りませんでした。さらに、誰も子どもたちにコンピューターの使い方を教えませんでした。そんな状況の中でも、子どもたちはコンピューターに群がり、遊びの延長でブラウザを操作し様々なことをどんどん学び始めました。そして、互いに知っていることを自然と教え合うようにもなっていきました。その結果、驚くことに誰かにコンピューターの使い方を教えられずとも子どもたちのパソコンを活用するスキルが大幅に向上したのです。

実際の「壁の穴」の実験の様子

ここから「遊び」から自然発生的に「学び」がうまれることがわかります。「遊び」と「学び」は決して相反するものではないのです。わたしは学校教育にもっと「遊び」の要素を取り入れることが必要なのではないかと考えています。

【参考・引用資料】
TEDトーク　スガタ・ミトラ「自己学習にまつわる新しい試み」

幼児教育に「学び」を「遊び」にするヒントがある

学校での学習に「遊び」を取り入れるためのヒントが幼児期の教育にあります。幼児期の教育は、「遊び」を通して総合的に指導することを基本としているからです。

近年、子どもの成長に対する「遊び」の影響についての研究が欧米の幼児教育学者や発達心理学者によって力を入れて進められています。欧米には「遊び」を通した教育手法があり、「Playful Pedagogy：楽しく遊びながらの教育」と呼ばれています。この教育を充実

図3｜Guided playの概念図

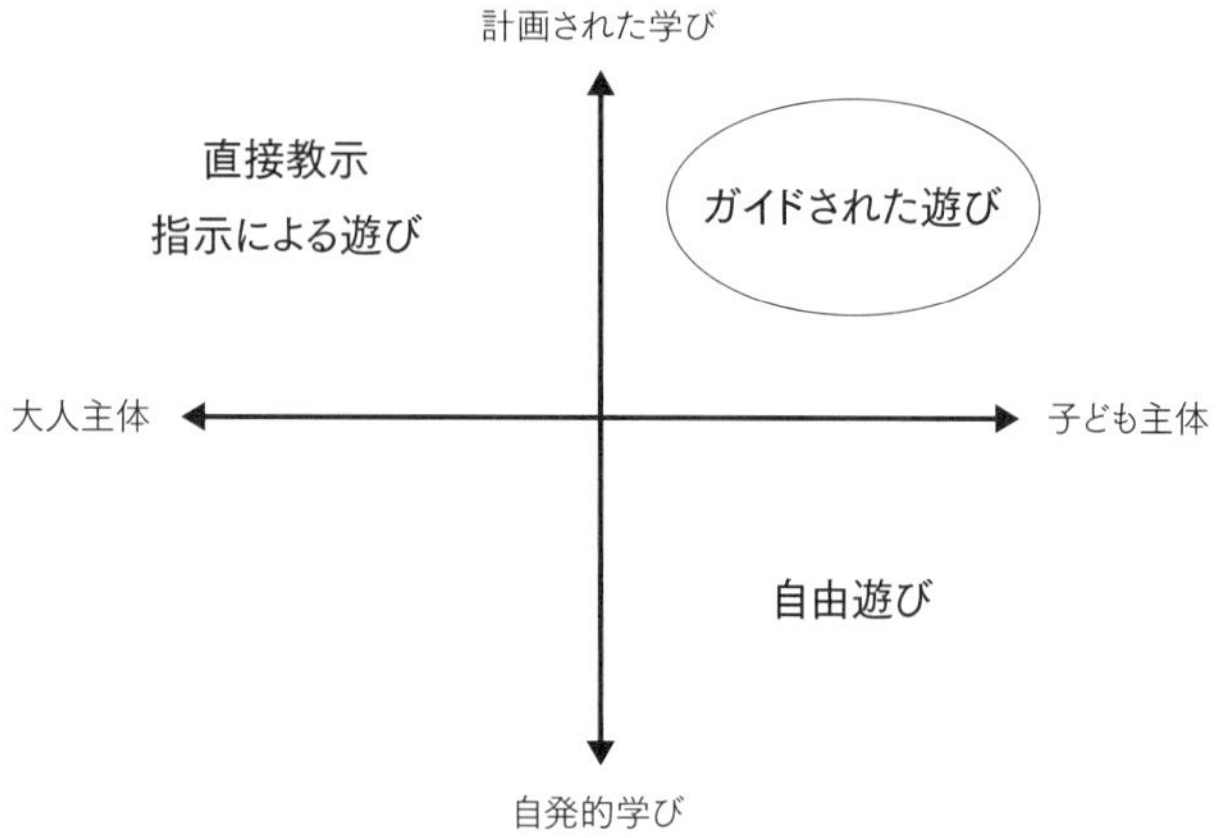

させるための重要な方法の一つとして「Guided play：ガイドされた遊び」が注目されています。最近の脳科学の研究で子どもの成長は、子どもが抱く感情によって大きく左右される可能性があることが示唆されています。楽しさや喜びなどのポジティブな感情を多く感じる環境にある子どもほど発達が早く学習内容を身につけやすい傾向が見られると言われているのです。

欧米では、大人が一切関わらずに子どもたちに自由に遊ばせる教育を「Free play：自由な遊び」とよび、最も子どもたちの主体性が高い教育とされています。反対に子どもたちの主体性が最も低くなる教育なのが「Direct instruction：直接教示」とされており、大人の指示に子どもを従わせる教育です。知識の伝達やスキルの習得には効果的だと言われています。「Free play：自由な遊び」と「Direct instruction：直接教示」の中間に位置づけられるものが「Guided play：ガイドされた遊び」です（図3）。ただ遊ぶ「Free play：自由な遊び」だけでなく、保育者によるガイドが加わる「Guided play：ガイドされた遊び」ことで、子どもの発達が促されることがさまざまな研究データによって裏づけされています。アメリカの発達心理学者Hirsh-Pasekは「Guided play：ガイドされた遊び」を成り立たせる要件として次の三つを挙げています。

①保育者が教育目的に沿った環境を用意すること
②保育者が子どもの自然な好奇心や探究心を刺激するように遊びの目的を設定すること
③保育者が子どもに何を学んでほしいかを考えて遊具などを選び、与えること

つまり、幼児教育でも本書で繰り返し述べてきたように、保育者が子どもたちを育てる

ために子どもたちが夢中になれるような教育環境をデザインすることの大切さが指摘されているのです。

学校教育では明治時代以降約一五〇年間「Direct instruction：直接教示」が主流です。なので、直接教示を前提とする教育技術やミニネタは数多く蓄積されています。だからこそ、これからは「Guided play：ガイドされた遊び」を前提とした教育技術やミニネタをどんどん蓄積していくべきだと思っています。

もちろん、幼児教育と学校教育をすべて一緒に考えることはできないでしょう。しかし、「Guided play：ガイドされた遊び」を前提とした教育技術やミニネタのヒントは、実は幼児教育にあるのではと考えています。

【参考・引用】
第九回 東アジア子ども学交流プログラム　第二回ＥＣＥＣ研究会〜遊びと学びの子ども学〜Playful Pedagogy　Playful Pedagogy の目指すものは？　榊原洋一

教師がでしゃばり過ぎない

自然な発達にただ任せるだけでは子どもの力の伸びには限界があり、保育者や教師が関わった方が子どもの力が伸びることがわかってきています。しかし、教師の過度な干渉は禁物です。教師の過干渉によって子どもが不自由さを感じてしまうと、子どもは「やらされ感」を感じてしまいます。そうなると子どもにとって「遊び」ではなくなってしまうからです。また、自らがんばってきたことが否定されているような感情を抱く子どももいるかもしれません。そうなると、子どもの自信を損ってしまうことにもつながりかねません。

わたしも含め、多くの教師は頼まれもしないのにアドバイスをしてしまいがちです。しかし、大切なことは子どもの気持ちを汲み取って、その上で子どもにアドバイスをしたり、子どもと一緒に取り組むことが大切なのです。もちろん、教えるべきことはしっかり教えなければならないことも忘れてはいけません。子どもの「遊び」にただ関わるのではなく、その「遊び」を通して、子どものどのような力を伸ばしたいのかをしっかり考えるべきなのです。

教師が子どもの「遊び」にどの程度関わるかは非常に難しい問題です。関わりが少なすぎると子どもの力の伸びが小さくなってしまいます。一方、関わりが多すぎても子どもたちの自主性を奪ってしまうことになります。子どもたちが学びに「やらされ感」を感じてしまうと、こちらも結局子どもの力の伸びが少なくなってしまいます。さらに当然ですが、人間には一人ひとりの個性があります。教師が強く関わった方が力の伸びる子どももいるでしょうし、そうではない方が力の伸びる子どももいるでしょう。つまり、結局何が言いたいのかと言うと教師があれこれ考えて、画一的にどうこうできるはずがないのです。

わたしたちにできることは、教師がでしゃばり過ぎないように意識をすること。子どもたちの自主性を尊重し、目の前の子どもたちのニーズを可能な限り把握してアドバイスやフォローすることが大切なのです。

教師が授業ででしゃばり過ぎてしまう大きな要因は自分にとって何かよくない予想外な出来事が起こるかもしれないといった「不安」だからなのです。何か指示やアドバイスをして、子どもをハンドリングしておかないと「不安」を感じてしまうのです。でも、教師が思っている以上に子どもは自分で動くことができます。教育環境づくりや最初の指示はていねいにする。あとは勇気をもって、そして、思い切って子どもたちに学びのハンドルを委ねてしまう。それで大丈夫なのです。

「遊び」の「学び」に

「遊び」の定義

では、どんな風に「学び」に「遊び」のエッセンスを取り入れていけばよいのでしょうか。わたしはフランスの社会学者ロジェ・カイヨワが定義した「遊びの分類」を中心に参照しています。ロジェ・カイヨワは、二軸のマトリクスで遊びを分類し、「アゴン：競争」「アレア：運試し」「ミミクリ：ものまね」「イリンクス：めまい」の四パターンに類型化をしました（図4）。ただし、ロジェ・カイヨワは既存の遊びはこの四つのパターンに単純に分けられるものではなく、結びついていたりする場合があるとも指摘しています。今世界中で大人気である「フォートナイト」はこの四つの要素がすべて入っていると言われています。

・ゲームの基本は一〇〇人のプレーヤーによる勝ち残り戦　↓　アゴン（競争）
・生き残れるかどうかは、スキルだけではなく、ゲーム序盤でよい武器を拾うことができるかどうか　↓　アレア（運試し）
・ゲームが開始するとプレーヤーは飛行艇から飛び降りてフィールドの思い思いのところに散らばる　↓　イリンクス（めまい）
・マーベルと提携しており、映画のヒーローの格好をさせたり、エモートと呼ばれるダンスや決めポーズを取らせたりすることもできる　↓　ミミクリ（ものまね）

そしてさらに、ロジェ・カイヨワはちがう次元で遊びには二つ軸があると説明しました。それがルドゥスとパイディアです。分類表の横軸はすでに紹介した遊びの四分類です。縦軸は秩序の度合いを意味していて、上に行くほど秩序立っていない野放図な「遊戯」であり、下に行くほど秩序立った「競技」になっていくとされています（図5）。

ただの遊びの中でのチャンバラごっこは特段ルールが設けられていませんが、フェンシングや剣道にはルールが厳密に決められています。このように剣や刀を使った「遊び」でも、

図4｜ロジェ・カイヨワの遊びの分類①

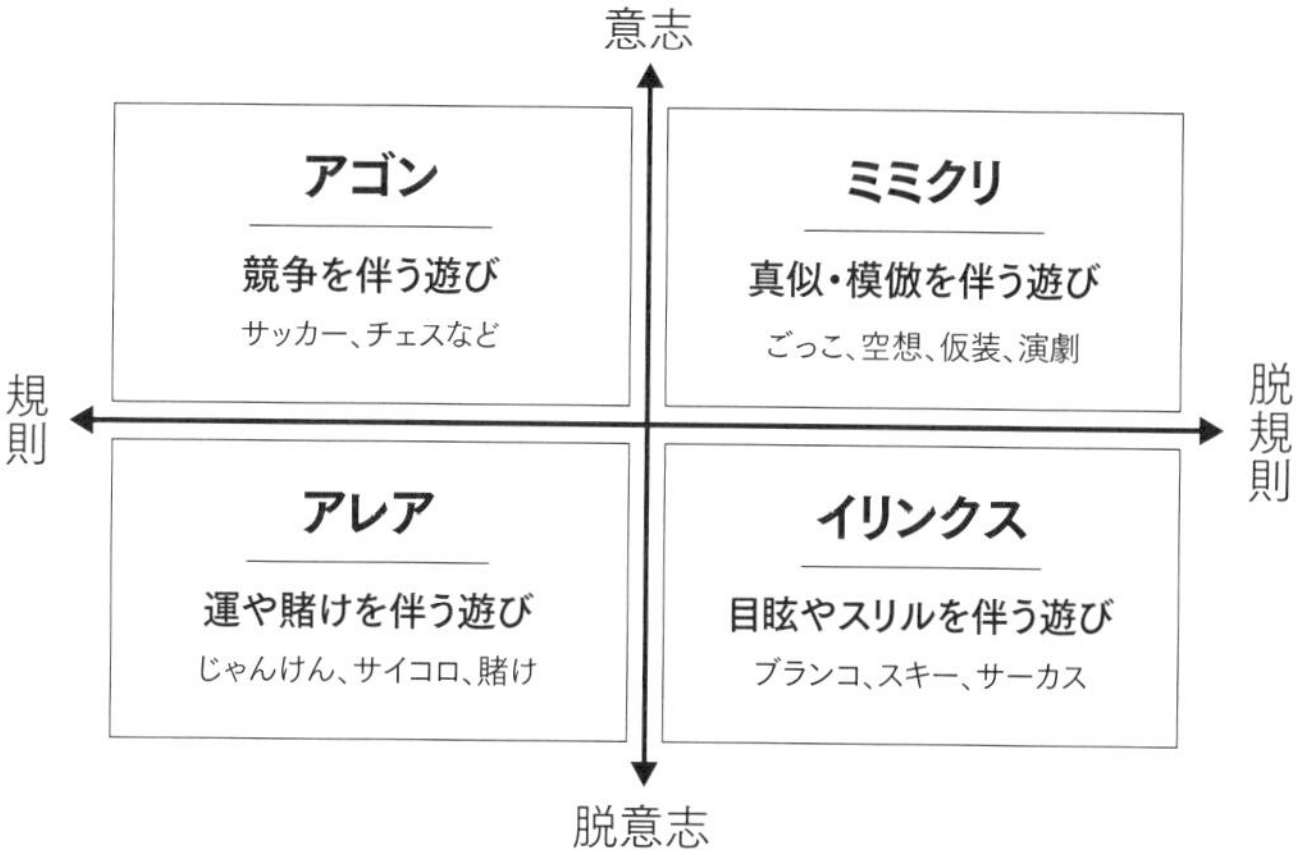

図5｜ロジェ・カイヨワの遊びの分類②

	アゴン（競争）	アレア（運）	ミミクリ（模擬）	イリンクス（めまい）
パイディア（遊戯）↑	（規則のない）競争 取っ組み合い 運動競技	鬼を決めるジャンケン 裏か表か遊び 賭け ルーレット	子どもの物真似 空想の遊び 人形、おもちゃの武具 仮面 仮装服	子どもの「ぐるぐるめまい」 メリーゴーラウンド ぶらんこ ワルツ
↓ルドゥス（競技）	ボクシング、玉突き フェンシング サッカー、チェス スポーツ競技全般	単式富くじ 複式富くじ 繰越式富くじ	演劇 見世物全般	ヴォラドレス 縁日の乗物機械 スキー、登山 空中サーカス

チャンバラごっこは「遊戯」であり、フェンシングや剣道は「競技」に分類されるのです。

学校で「遊び」のエッセンスを授業に取り入れた際、どうしても子どもたちの中にゴールイメージがぼやけたものになってしまい、教育的意義のないただの「遊び」になってしまうリスクもあります。そこをクリアするためのポイントとして、

・授業の行事化

が挙げられます。

運動会や音楽会などは子どもたちにとって大きな行事です。その行事を通して子どもたちは大きく成長します。その理由として、そういった大きな行事には子どもたちに特別な目的意識、特別な他者意識が働くからです。行事のメリットを授業に転用すること、授業を行事化することを坂本良晶先生（さる@小学校教師）が提案されています。実に妙を得た表現だと感じています。

「遊び」のエッセンスを授業に取り入れた際のリスクを「授業の行事化」を意識することでクリアすることが可能になります。活動のゴールとして学習成果を友だちや他の先生方、保護者に披露する。また、他校の子どもに学習成果を披露することも考えられます。このように他者に表現する場づくりを設定することで、子どもたちに特別な目的意識が醸成され、子どもたちがより生き生きと活動するようになります。そして、学習する中身も充実したものとなります。大がかりな「プロジェクト学習」を実践することはハードルが高いですが、このような「ライトプロジェクト学習」を何度も繰り返していくことで、子どもたちの「自律力」がどんどん育っていきます。

では、かんたんにですが、「遊び」のエッセンスを取り入れた授業を紹介させていただきます。

【参考・引用】
ロジェ・カイヨワ　一九九〇『遊びと人間』講談社
日経クロストレンド　明日の話題に使えるIT小話　遊びの四要素が全部入り　フォートナイトが小学生を魅了するワケ　鈴木良介

「まいごのかぎ」をつくろう

光村図書の三年生の国語の教科書に『まいごのかぎ』という物語文が掲載されています。主人公のりいこが拾ったかぎによって様々な不思議な出来事が起こるファンタジーです。この教材も「遊び」と「授業の行事化」を意識して授業をデザインしました。

わたしが物語文で確認するポイントは六つあります。

①登場人物（主人公・対役・脇役）
②時間
③場所
④出来事（クライマックス）
⑤主人公の気持ちの変化
⑥場面

まず、これらのポイントを短時間で子どもたちにおさえさせます。

そして、自分の感じたことを教科書の文に沿って考え、まとめていくことが国語の学習であることを繰り返し伝えます。あとは子どもたちに自由に読解をさせます。もちろん明らかな誤読があれば指導はします。

本授業では、実際に子どもたちに一人ひとりがイメージした「まいごのかぎ」を制作させました。そして、校内のどこでもいいので制作したかぎを自由にさしに行かせました。ある子どもは教科書片手に運動場にある大きな木にかぎをさして
「たぶんこんな風に動くんじゃないの?」

とワイワイと楽しみながら友だちと学習に

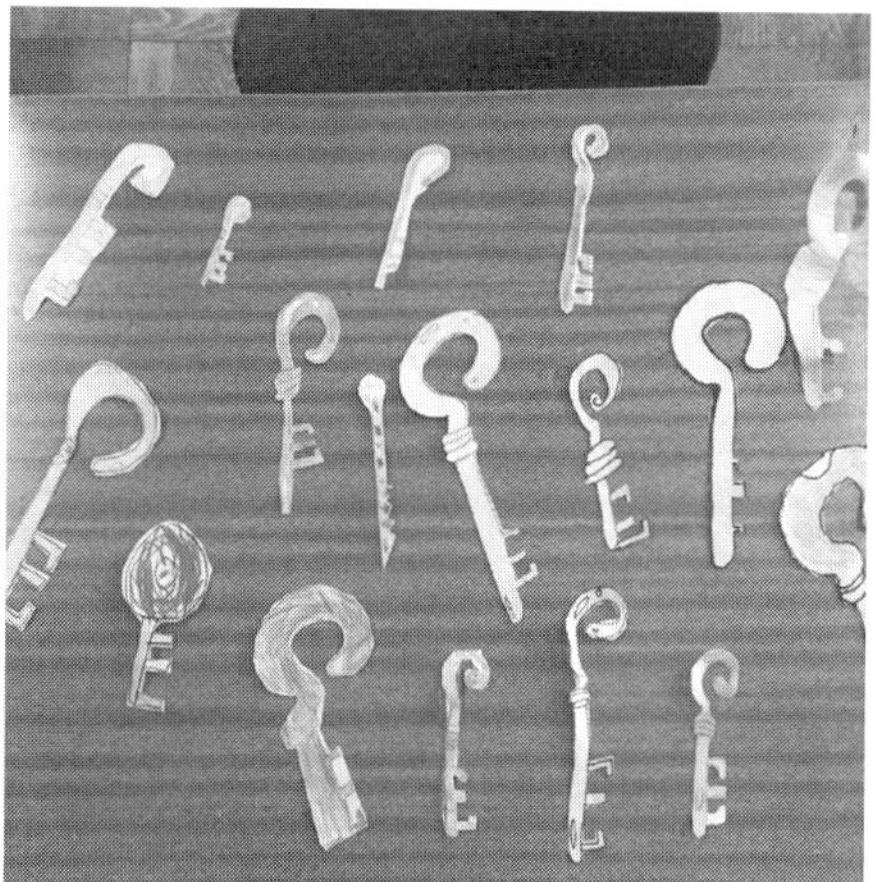

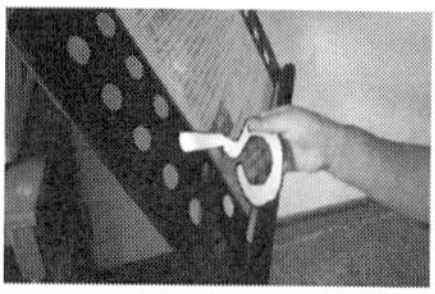

取り組んでくれていました。

活動後、それぞれに自分の制作したかぎをさしたことから想像を膨らませ、『まいごのかぎ』のアナザーストーリーを考えてもらいました。そして、授業の終末、自身が制作した「まいごのかぎ」と『まいごのかぎ』のアナザーストーリーを発表し合いました。

オリジナル参考書・問題集をつくろう

算数の授業では子どもたちが参考書や問題集をつくっています。これも「遊び」と「授業の行事化」を意識しています。まず、子どもたちには参考書と問題集とは別のものだといったことはしっかりと伝えます。参考書は解き方をていねいに伝えるもの。そして、問題集とは学習したことを定着させるために問題が掲載されているもの。参考書や問題集はデジタルで作成しても、アナログで作成してもどちらでもよいとしています。この際、「授業の行事化」を子どもたちに意識させます。つまり、他者に発表することを前提に作成させるのです。しかし、学年当初、子どもたちは少しふざけて作問することも多いです。まったく学習に関係のない問題を作成したり、ありえないほどむずかしい問題を作成したりと、あまりにも授業内容と逸脱しているものは指導をします。一学期は問題集や参考書をつくるときに自己満足になっていないかどうか、友だちの学力向上につながっているかどうかの他者意識を子どもたちがもてるようにていねいに指導をします。

もちろん、子どもたちへの指導だけでなく、子どもたちが作成した参考書や問題集が日の目を浴びるような場は必ず設定をします。わたしの学級であれば、子どもたちが作成した問題集や参考書を印刷し、子どもたちに配布することもあります。また、タブレットを活用して共有することもあります。

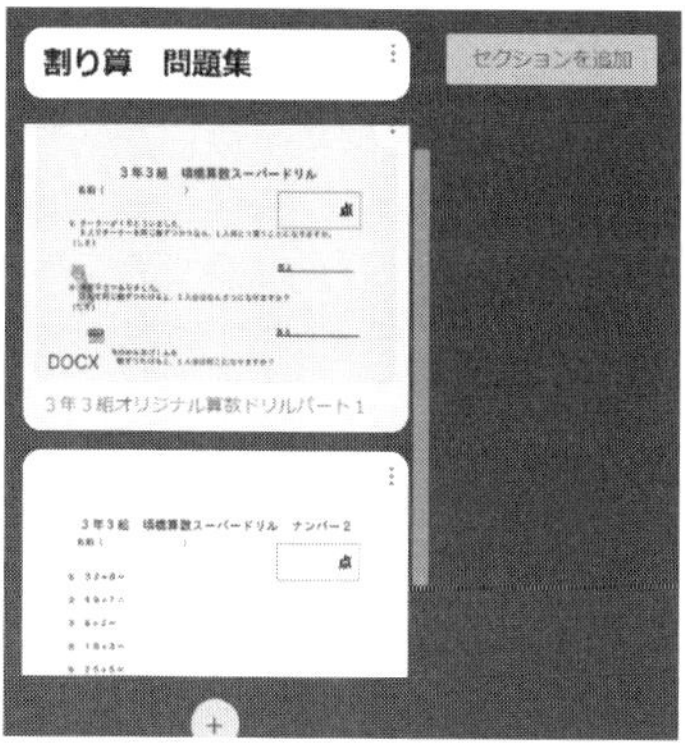

共有の方法は様々あります。わたしは「Padlet」を活用することが多いです。「Padlet」とは一つの画面に、複数人で文字を書いたり写真を貼り付けたりできる掲示板のようなオンラインツールです。「Padlet」で作成した問題を掲載したページのアドレスを「Google Classroom」で共有します。

3年3組　島田式算数ドリル　パート2

名前（　　　　　　）

① ヘラクレスオオカブトが18ひきいます。
2人でわけると、1人分はなんひきになりますか。

（しき）

答え ＿＿＿＿＿＿

② ペットショップにイグアナが25ひきいました。
5人で同じ数ずつわけると、1人分はなんひきになりますか？

（しき）

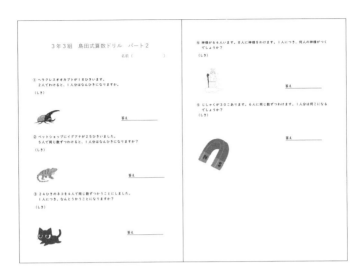

答え ＿＿＿＿＿＿

③ 24ひきのネコを4人で同じ数ずつかうことにしました。
1人につき、なんとうかうことになりますか？

（しき）

答え ＿＿＿＿＿＿

④ 神様が64人います。8人に神様をわけます。1人につき、何人の神様がつくでしょうか？

（しき）

答え ＿＿＿＿＿＿

⑤ じしゃくが30こあります。6人に同じ数ずつわけます。1人分は何こになるでしょうか？

（しき）

答え ＿＿＿＿＿＿

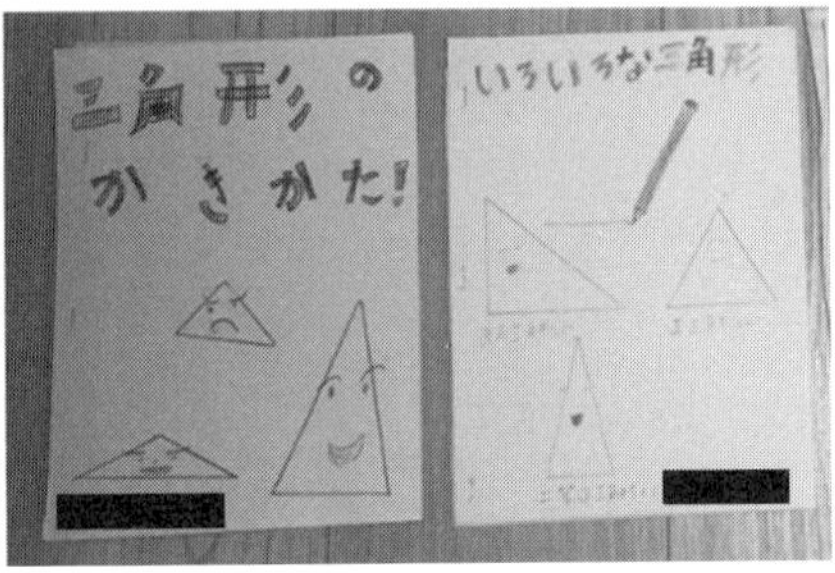

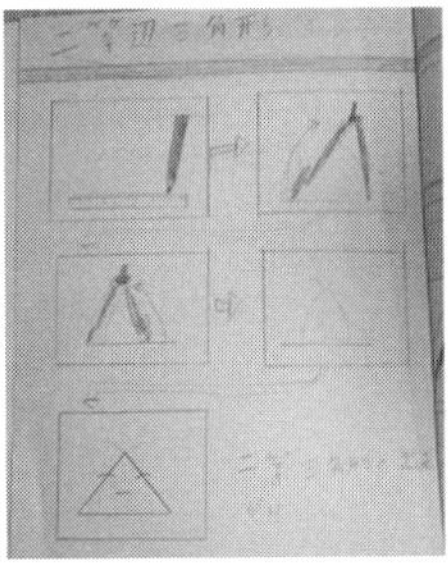

一学期は半ば強制的に子どもたちの作成した問題集に取り組ませますが、少しずつ自由度を高め、最終的には問題に取り組むかどうかを子どもたちに選択させるようにさせます。子どもたちの主体性がある程度育ってくると、算数の授業で「問題の解き方のコツ」を動画にして、学級内に共有してくれる子どもも出てきます。もちろん、こちらから子どもたちに動画を作成するようにといった指示は出していません。子どもたちが生き生きと活動し出すと、このようにわたしの想像の範疇を超えた活動が生まれてくることもあります。この瞬間が何とも言えません。さらに、この様子をＱＲコードで共有して学級通信に掲載し、保護者に伝えることでさらに子どもたちのやる気が上がります。保護者もとても喜んでくださります。

音読コンテスト

遊びには秩序のある「ルドゥス：競技」と秩序立っていない「パイディア：遊戯」があります。「ルドゥス：競技」の要素が強まれば教師のハンドリング傾向が強まり、教師のコントロール下で子どもたち同士の交流が起こります。一方で、子どもたちの中で教師のコントロールを受けない自由な交流はほとんどなくなってしまいます。先ほど述べた「かぎづくり」と「問題集・参考書づくり」は「パイディア：遊戯」の要素が強く、「音読コンテスト」は「ルドゥス：競技」の要素が強くなります。

さて、音読も「遊び」と「授業の行事化」でとても盛り上がります。ただし、先ほどの二つとちがって勝ち負けを決める要素があり、細かくルールが設定されています。

音読カードを使用して音読の宿題を子どもたちに取り組ませている先生方も多いでしょう。わたしもそうです。しかし、ただ音読カードにハンコを押してるだけの子どもがいたり、音読の宿題がマンネリ化してしまったりなどで、音読の宿題が形骸化してしまっていました。

そこで「音読コンテスト」を開催することにしました。「音読コンテスト」のルールは、

詰まったり、読み間違いせずに誰が一番たくさん音読できるかを競う

です。ジャッジは教師がするのではなく、子どもたちでジャッジさせます。傍観者が少ない方が盛り上がります。

まず、予選ラウンドを実施します。予選ラウンドは、各班で音読コンテストをして一位を決めます。なお、一班五人程度とします。友だちの音読を聞き、詰まったり、読み間違えたと思ったら挙手をします。班の過半数（五人だと三人）が挙手をしたらアウトとします。班の中で一番長く音読ができた人が一位となり、決勝トーナメントに進出となります。

決勝トーナメントでも同様に進めます。決勝トーナメントでも詰まったり、読み間違えたと思ったら挙手をします。過半数が挙手したらアウトとなります。

このように音読も「遊び」と「授業の行事化」を意識した場づくり、教育環境をデザインすることで、子どもたちが生き生きと活動するようになります。また、子どもたちの音読量が必然的に増えるので、子どもたちの音読のスキルも向上します。

ただし、過度に競争をあおるような声掛けをしないように注意はします。子どもたちには、あくまでも音読の練習をがんばったというプロセスを褒め、前回の自分と比べてどうだったかを意識することを大切にさせます。

音読コンテスト　予選ラウンドの様子

音読コンテスト　決勝ラウンドの様子

テストを「ゲーム化」させる

テストに「遊び」の要素を取り入れることはなかなか難しいと感じています。そこをクリアさせるために、テストを「ゲーム化」させています。

テストを「ゲーム化」させるときに意識している理論がＡＲＣＳモデルです。ＡＲＣＳモデルとは学習意欲を四つに分類したものです。

注意（Attention）：学習者の興味関心を引き、探究心を喚起する。学習者に面白そうだと思わせる。

関連性（Relevance）：学習者が自分ごととして積極的に取り組めるようにする。目標に向かうプロセスを楽しめるようにし、学習者にやりがいがありそうだと思わせる。

自信（Confidence）：ゴールを示し、自らの努力によって成功したと思える教材にし、「やればできそうだ」と思わせる。

満足感（Satisfaction）：学習の結果を無駄に終わらせない。目標に到達した学習者を褒め、公平な評価を行う。学習者に「やってよかった」と思わせる。

このモデルはアメリカの教育工学者J・M・ケラーが提唱したものです。何かを「ゲーム化」させるときにはARCSモデルを意識するといいですし、もっと言うなれば、他者のモチベーションを上げるためにARCSモデルを意識することはとても有効なのです。グーグル社でもARCSモデルを活用した研修が実施されています。宿題やテキストもARCSモデルを意識してデザインすると子どもたちのモチベーションが上がると感じています。

今回は、わたしの学級で実践している「ゲーム化」させた漢字テストを紹介します。

まずは「漢字テスト」ではなく、「漢字クエスト」といった自己育成ゲームをすると子どもたちに伝えます。こうすることで子どもたちにワクワク感を感じさせることができます。「漢字クエスト」は自己育成ゲームとしてレベルアップ制度になっています。そうすることで、作業的な漢字テストが自分を育てていくといったミッション型のワクワクする

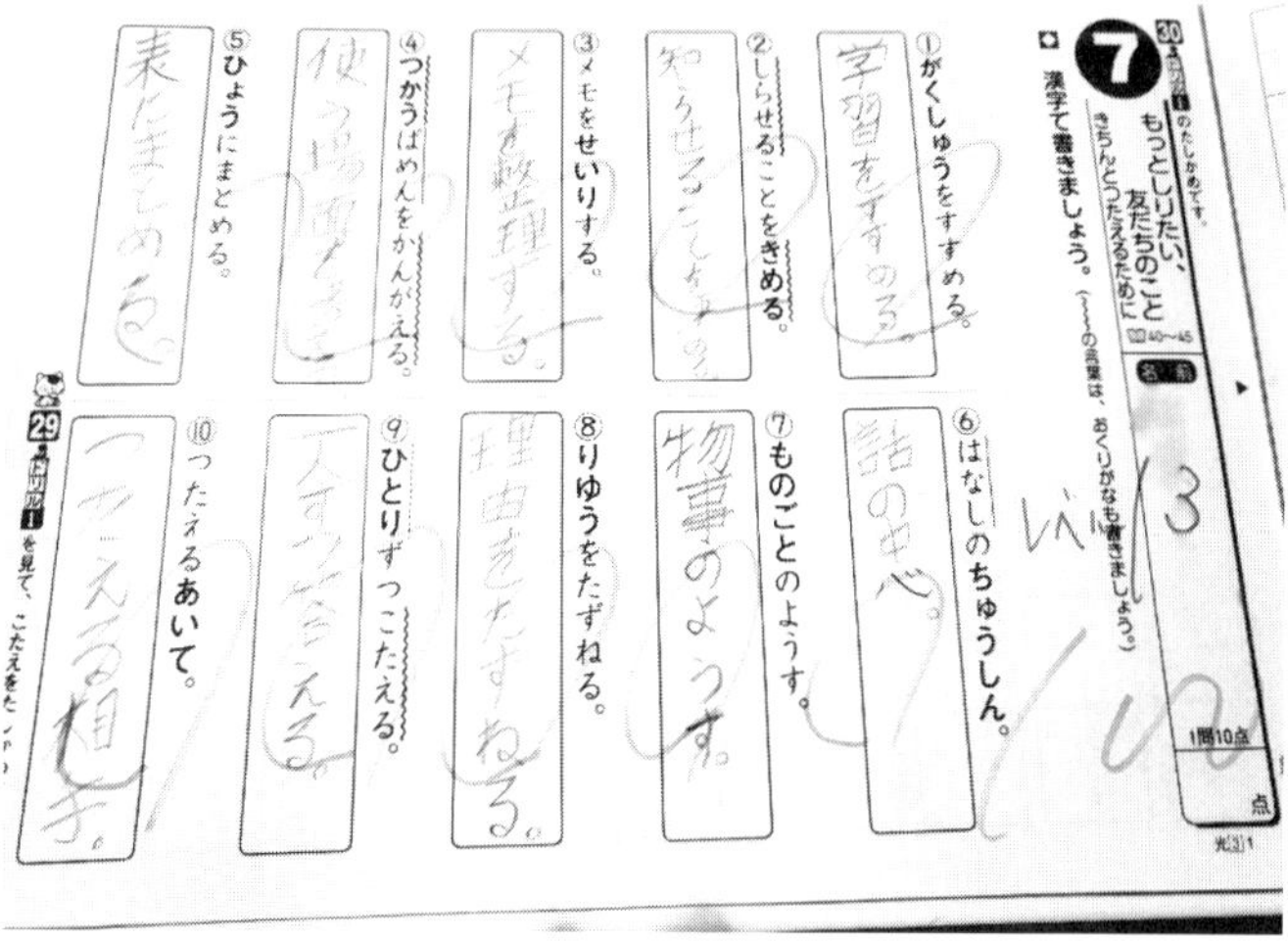

ゲームに早変わりし、子どもたちの漢字テストに取り組む姿が大きく変わります。

ルールは二つです。一つ目のルールとして、一〇〇点をとればレベルアップとしました。また、漢字テストの余白に部首や他の熟語などを書いていればその量に応じてプラス一〇〇点をマックスとしてボーナス得点がゲットとなります。二つ目のルールとして、得点を「経験値」として累積させ、一〇〇点分溜まったらレベルアップするとしました。例えば、四回のテストで五〇点、四〇点、八〇点。一〇〇点をとったとします。まず、一〇〇点を一回とっているのでレベルは一つ上がります。そして、残りのテストの点数を合計すると一七〇点となっているので、レベルは一つ上がります。つまり、合わせてレベルが三つ上がるということになります。

このようなルールにした意図は、レベルアップの条件を一〇〇点をとったことだけにすると、どうしても難易度が高くなってしまうからです。一〇〇点をとることはなかなかに難しいです。一〇〇点をとろうと努力をしたのに報われなかったときのガッカリ感はとても大きいです。そのガッカリ感が続いてしまうとどんどん子どもたちのやる気が失われていきます。みなさんもゲームをしていて同じような経験をされたことがあるでしょう。難易度が高く、何度も何度も失敗し、ステージをクリアすることができなかったとします。おそらく多くの人が少しずつおもしろくないと感じるようになり、中にはクリアすることをあきらめてしまう人もいるかもしれません。それと同じことが起こってしまうのです。結果だけではなく、努力も報われるように「経験値」の累積といったルールも敷いています。

この一連の流れをＡＲＣＳモデルに置き換えると、

注意（Attention）：　漢字クエストで子どもたちにワクワク感をもたせる。

関連性（Relevance）：　漢字テストを育成ゲームにしたことで漢字テストの学習が子どもたちにとって自分ごとになる。

自信（Confidence）：　レベルアップの条件として、一〇〇点をとることと「経験値」の累積を示した。自身の努力次第でなんとかうまくいきそうだと子どもに感じさせられる。

満足感（Satisfaction）：　一〇〇点をとることと「経験値」の累積によってレベルアップするので、どんな子どもにとっても努力が必ず報われる。


なお、わたしの学級では漢字五〇問テストなどはボス戦としてレベルを大幅にアップさせることもしています。

ここで気をつけなければいけないことが二つあります。それは、

① 競争相手が自分だということを意識させる
② 学習の結果を褒めるのではなく、学習したプロセスを褒める

です。
もちろん、社会に出れば他者との競争が当たり前になります。結果も求められます。でも、学級で過度な競争や結果至上主義が存在すると子どもたちの間に一側面でゆがんだ優劣がうまれてしまうのです。その優劣は決して人間的な優劣であるはずもないのに、子どもたちはあたかもその優劣を人間的な優劣であると捉えてしまいがちです。なので、せめてわたしの学級で過ごす一年は競争や結果を度外視し、子どもたちが自分の好きなことを全力で楽しみ、自分の成長を楽しんで、みんなで笑い合って幸せに過ごしてほしいと願っています。

【参考】
菊池洋匡　秦一生　二〇一九『小学生の子が勉強にハマる方法』実務教育出版

第5章

自己選択

「自己選択」をさせる

学校では子どもたちに「自己選択」をさせる機会が圧倒的に少ないと感じています。それは、従来の学校教育システムが子どもたちをハンドリングすることを前提としていたからです。子どもたちが個々に好き好きに自己判断をして行動されてしまうと、教師が子どもたちをハンドリングすることが途端に難しくなってしまうことが容易に想像できるでしょう。つまり、子どもたちが余計なことを考えずに教師の指示した通りに動いてくれた方が教師にとって都合がよかったのです。また、日本社会としても指示されたことを質高く遂行してくれる人材が必要だったのです。

こんな調査結果があります。

幸福感を決定する要因としては、健康、人間関係に次ぐ変数としては、所得、学歴よりも自己決定が強い影響を与えることが分かった。自分で人生の選択をすることで、選択する行動への動機付けが高まる。そして満足度も高まる。そのことが幸福感を高めることにつながっているであろう。

神戸大学社会システムイノベーションセンターの西村和雄特命教授と同志社大学経済学研究科の八木匡教授は国内二万人に対するアンケート調査を実施しました。その結果、所得や学歴が高いより「自己決定度」が高いほうが、幸福感が高くなるといったことがわかったのです。また、神戸大学社会システムイノベーションセンターは

自己決定によって進路を決定した者は、自らの判断で努力することで目的を達成する可能性が高くなる。また、成果に対しても責任と誇りを持ちやすくなることから、達成感や自尊心により幸福感が高まることにつながっていると考えられる。

といった見解を出しています。
つまり、「自己選択」をさせた方が子どもたちにとってプラスになるのです。しかし、子どもの「自己選択」を教育の中心に据えさせるためには、教師の教育観も同時にアップデートする必要性があるのです。教師が子どもたちをハンドリングする学級づくりではなく、教育環境デザイナーとして教師の在り方を見直す。そうすることで、子どもたちも「自己選択」の機会が増え、教師も子どもたちをハンドリングしなければならないといったストレスから解放されることもできるのです。

【参考・引用】
幸福感と自己決定―日本における実証研究（二〇一八年）西村 和雄

「自己選択」が活きる学級づくり

子どもたちに「自己選択」をさせることが子どもたちを大きく育てるために非常に大切なことです。しかし、いきなり子どもたちに「自己選択」をさせることはとても難しいですし、無用な失敗を体験させてしまうことで、かえって子どもたちの自尊感情を下げてしまうおそれもあります。まずは、子どもたちが「自己選択」ができるための土台を学級内につくっていかなければなりません。

一番土台になることは学級内の「秩序」です。子どもたちが安心して「自己選択」ができるようになるためには学級内に「秩序」があるかどうかが大きく関わってきます。

周りの目を気にして選択したものは決して「自己選択」とは言えません。「自己選択」ができなかったことでのストレスも出てくるでしょうし、本当に興味関心のあることに取り組めなくなってしまいます。また、学級が完全に崩壊してしまうと「自己選択」をする

図1｜自己選択をする際の土台

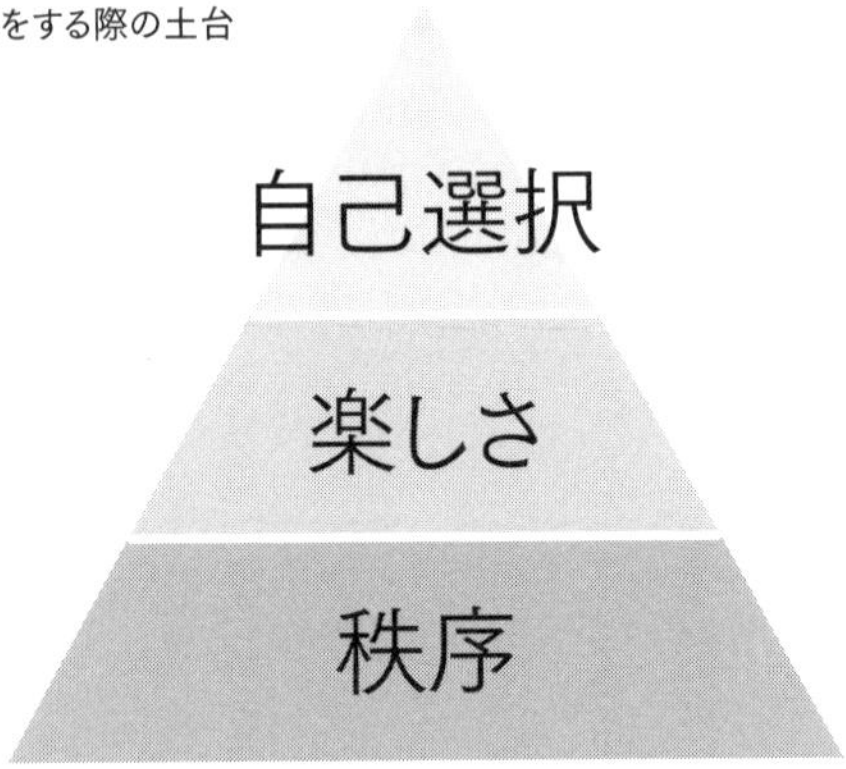

自己選択をする際の土台

しないといった次元の話ではなくなってしまいます。「秩序」が乱れてしまうことで、他人からの攻撃、侵害から自らを守らなければならないといった意識が強くなるからです。学級崩壊した際のグループ化と対立はここに原因があると考えられるのです。

繰り返しになりますが、学級の「秩序」を乱さないために「他人を傷つけない」「自分を大切にする」といったことをしっかり守らせます。そしてその上で、他者に「寛容」になることを子どもたちに意識させます。そうすることでゆるやかにつながりあう学級になります。ゆるやかにつながりあう学級になることで子どもたちは同調圧力を感じずに、安心して「自己選択」することが可能となります。

「秩序」の次に大切なことが、学習が楽しいかどうかです。いくら学級に「秩序」があったとしても、子どもたちが学習することに楽しさを見出せていなければ、積極的に学習に取り組むことはありません。学級内に「秩序」をつくり、その上で子どもたちに学習することに楽しさを感じさせることで、子どもたちの「自己選択」が本当に活きたものになると考えています（図1）。

「指導の個別化」と「学習の個性化」と「日常生活の自律化」

わたしは子どもたちに「自己選択」をさせる機会を多く設けています。その際、「指導の個別化」「学習の個性化」「日常生活の自律化」の三つを意識しています。
「指導の個別化」「学習の個性化」「日常生活の自律化」とは、

「指導の個別化」……………一定の目標を学習進度等に応じ異なる方法で指導すること
「学習の個性化」……………それぞれ異なる目標について興味・関心に応じて学ぶこと
「日常生活の自律化」……日常生活で自らの意思にもとづいた言動をとること

「指導の個別化」とは、学習目標をすべての子どもに達成させ、基礎学力を定着させることを目的としています。ここで考えられる個人差は進度差や到達度差などの量的な個人差となっています。学習モデルとしては自由進度学習や習熟度別学習などが考えられます。「学習の個性化」とは、子どもの興味・関心にもとづき、特性や個性を育成することを目的としています。ここでの個人差は、学習スタイル差や興味・関心などの質的な個人差となっています。学習モデルとしてはコース選択学習や課題選択学習などが考えられます。

「日常生活の自律化」とは、自らで決めた規範や基準に従い、自らの意志により言動をコントロールすることを目的としています。

授業で子どもたちが学習する目標に応じて学習内容を「自己選択」する。日々の日常生活においてどのような言動をとればよいのかを「自己選択」する。こういった場づくりを教師がいかにデザインしていくかが大切なのです。「自己選択」を繰り返していくことで少しずつ子どもたちが自走していくようになります。

実は子どもたちに「自己選択」をさせる実践は以前からありました。愛知県の緒川小学校のオープン教育の実践などは有名でしょう。しかし、そういった実践は日本教育の主流とはなりませんでした。まだまだ学歴が重視されていた社会だったこと。教育界の流れとして一斉指導が最も素晴らしいと大多数の教師が考えていたということ。実践が汎用化しにくかったこと。この三つが大きな要因だったと考えられます。

しかし、令和の今、学歴を重視する社会情勢が少しずつ変化してきています。そして、一斉指導が最も素晴らしいと考えていた教育界の流れも変わってきています。多くの教師がこれまでの教育を見直した方がいいのではと何となく感じ始めてきています。そこで立ちはだかるのが実践の汎用化の難しさです。

実践が汎用化されなかった大きな要因の一つとして考えられるのが、教師にとって「指導の個別化」「学習の個性化」を実践することが極めて負担の大きかったことだったからです。子どもたち一人ひとりの定着度に応じたプリントを準備したり、一人ひとりの事細かな情報を日々記録したりと、一斉指導と比較して極めて手間がかかってしまうのです。

教師主導の「指導の個別化」「学習の個性化」の汎用化の難しさは教師のマインドを変えることでクリアするヒントが得られます。それはあきらめることです。教師一人で学級の子どもたち一人ひとりの個別最適化なんてできるはずがないとあきらめるのです。いや、冷静に考えるとわたしたち一人で子どもをみることなんてむしろできるわけがないのです。教師がすべてをしょい込む必要なんて実はないはずなのです。子どもの力をもっと信じるのです。

だからこそ、タブレットを活用させたり、子どもたち同士で学び合ったり、助け合わせたりする力も借りて「指導の個別化」「学習の個性化」をおこなっていく。そして、「日常生活の自律化」も同じように教師一人でなんとかしようと思いすぎないことが大切なのです。

教師が主体的になって「指導の個別化」「学習の個性化」「日常生活の自律化」に向けた

教育環境をデザインする。しかし、デザインした教育環境のすべてを教師が主導したり、準備することはしません。タブレットを活用したり、子どもたち同士の協同性を生かすことを意識するのです。こうすることで教師の負担感は一気に減ります。そして、汎用性も同時に生まれてくるのではないかと考えています。もっと教育に「遊び」をもたせた方が、結果として教師の負担も減り、子どもたちも意欲的に活動に取り組むようになるのです。

【参考・引用】

Hatena Blog　社会のタネ　767　個別最適な学び　宗實直樹

安藤忠彦　一九八〇『授業の個別指導入門』明治図書出版

保護者と「教育観」の擦り合わせをしておく

学年初めに保護者と「教育観」の擦り合わせをする

教師が子どもたちをガンガン引っ張っていくものだといった考えがまだまだ保護者の中では主流です。そんな中で何の説明もなく子ども中心の教育をしますと言っても保護者から賛同を得られることはなかなか難しいでしょう。例えば、丸付けを教師がしないとなれば、保護者からは教師がただ楽をしたいだけではないのかと思われるかもしれません。

保護者と担任がうまくいかなくなる要因の一つとして、保護者と教師の「教育観」のズレにあります。このズレがどんどん大きくなっていくことで担任への不信感が大きくなっていきます。

四月に学級懇談会、家庭訪問や個人懇談などが実施される学校がほとんどだと思います。

まず、そこで担任の「教育観」と保護者の「教育観」を擦り合わせておくことがポイントとなります。そうしないと、保護者の「教育観」で学校教育の是非が判断されてしまいます。また、担任の「教育観」と保護者の「教育観」がズレていると子どもも混乱してしまいます。学校ではよしとされていることが家庭ではダメだとなってしまうわけです。そうなると子どもと保護者とでトラブルが起こってしまいます。「教育観」の擦り合わせをしておかないと、子どもも保護者も担任も不幸になってしまうかもしれないのです。

わたしは四月の学級懇談会でパワーポイントを用いて自分自身の「教育観」を保護者に伝えています。懇談会に参加できなかった保護者のためにGoogle Classroomでパワーポイントを P D F 化して共有しています。

一例ですが、わたしがどのようなことを保護者に伝えているかを紹介します。

まず、わたしは今の社会情勢を伝えます。次いで、社会情勢を踏まえてこれからの社会でどんな力が子どもたちに必要なのかをわかりやすく伝えます。内容は第一章で書かせてもらったことを簡単にしたものです。そして、その力を子どもたちに身につけさせるために「自己肯定感を上げる」「教養を増やす」「学び方を学ぶ」の三本柱を軸にして一年間教育を進めていく旨を伝えます。

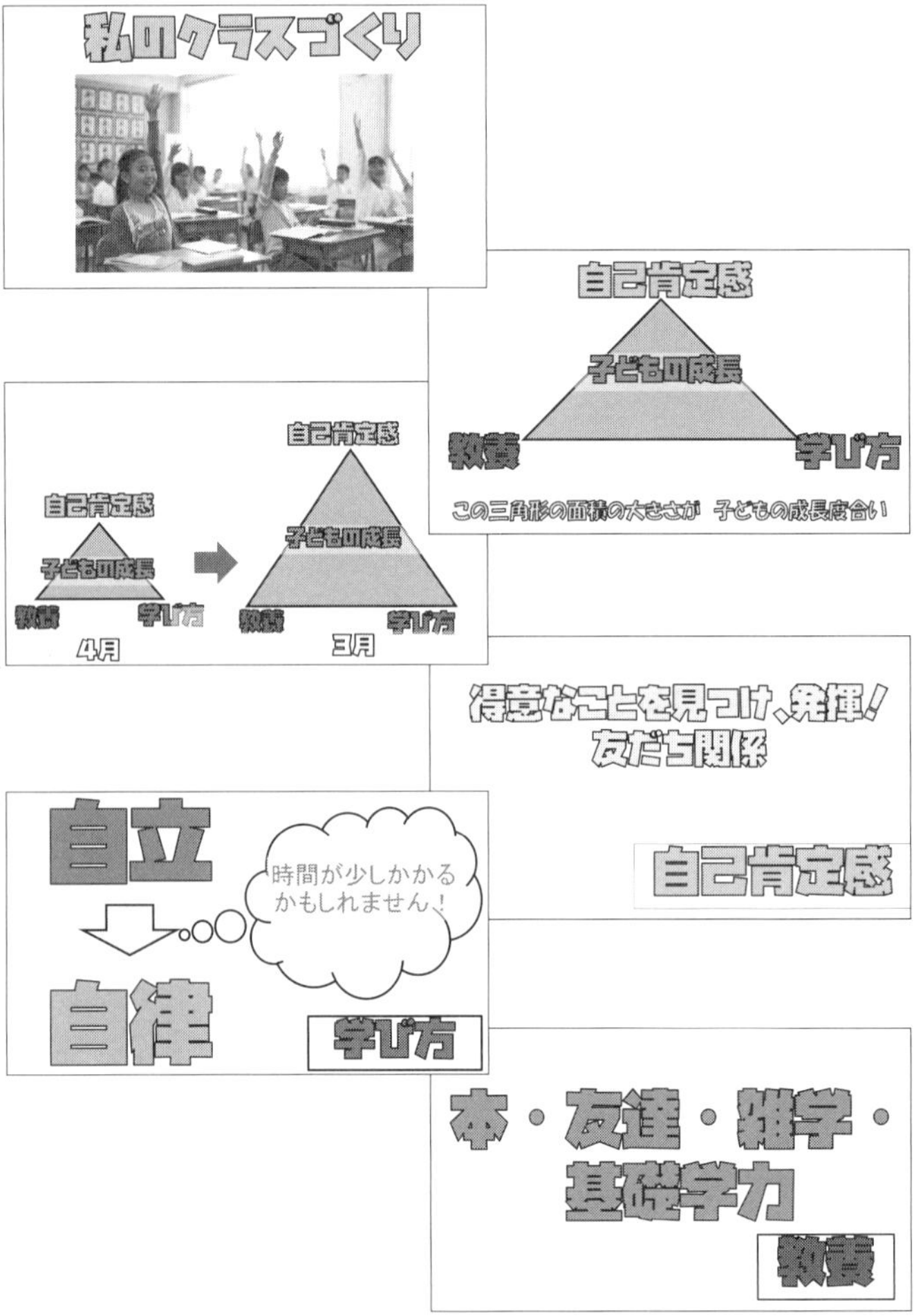

学級懇談会で使用したパワーポイント

さらにその三つについてもう少し具体的に伝えていきます。こちらの「教育観」の押しつけにならないように、保護者の「教育観」もしっかり聞く時間をとることが大切です。そして、保護者の願い、要望があれば可能な範囲で取り入れていきます。教師の「教育観」をていねいに伝えておくことで、先ほどの丸付けを子どもにさせているといった事象も、子どもたちの「学び方を学ぶ」ことにつながっているんだと肯定的に捉えてもらえるようになります。

次からは、従来の教育実践とは少しちがう角度からの教育実践をしていく中で、保護者から出てくることが多かった声について、わたしがどのように対応をしたのかを紹介していきたいと思います。

銀メダルの一〇〇点、金メダルの八〇点

子どもの自律を促すためには「自己選択」させる機会を増やさなければなりません。しかし、それは時として目に見える結果を出すには少し遠回りになってしまうこともありま

す。一方、教師がレールを敷いて子どもたちを引っ張っていけば、すぐに目に見える結果が出るかもしれません。しかし、そこに落とし穴があるのです。

わたしは中学校まではそこそこ成績がよい方でした。しかし、高校に行って成績は急降下し、数学のテストでは一桁をとることもしばしばありました。そして、少しずつ学習することが嫌になり、学校もサボりがちになりました。もちろん、わたし自身もどうにかしようといった思いはありました。でも、恥ずかしながらどうすればよいのかがまったくわからなかったのです。今になって当時のことを振り返ってみると、中学校卒業までは自分で何かを考えて行動することがほとんどなかったことが大きな原因だったのかもしれません。中学校を卒業するまでは教師、塾の先生や両親がレールを敷いてくれてて、そのレールの上をみんながわたしの手をつないで引っ張ってくれていたのです。だから、高校に入って突然レールがなくなり、手を引っ張って行ってくれる人もいなくなってしまった。わたしは右も左もわからない状態になってしまったのでしょう。このわたし自身の経験から、教師がガンガン引っ張っていくことのメリットとデメリットを感じています。子どもたちに学び方を学ばせているとき、そして、自ら学び出すと成績が下がってしまうことがよくあります。その際、保護者には

銀メダルの一〇〇点、金メダルの八〇点

といった言葉を伝えます。

教師主導で学習を進めて一〇〇点を取る。子どもが主となって学習を進めて八〇点を取る。短期的に見れば前者の方がよい結果にみえますが、長期的に見れば後者の方がよい結果となることを伝えるのです。そうしないと、教師主導の教育の方が素晴らしいといった保護者のマインドを変えることができません。教師にも焦りが出てくるかもしれませんが、学び方を習得した子どもは心配せずとも少しずつ目に見える結果もついてきます。

雑な漢字ノートでも気にしない

わたしは雑な字で練習している漢字ノートであってもやり直しをほとんどさせないことがあります。一方で、子どもに漢字ノートの字をすべてていねいに書かせる保護者が一定数います。中には雑に字を書いていたら消しゴムですべて消し、ていねいな字で書き直しをさせている保護者もいるでしょう。わたしはそんなことを絶対にさせません。雑に練習してきている字をていねいに書き直しさせることに大きなデメリットがあると考えているからです。

大きなデメリットとは何なのか。それは子どもたちに「やる気」を失わせてしまうことです。もともと同じ漢字を何度も何度も練習することが多くの子どもにとってただの作業に成り下がってしまっているのです。漢字練習をする際、書き順をまったく無視して部首だけ先に書いてしまっている子どもの姿を何度も見たことがあると思います。この子どもの姿はまさに漢字練習がただの作業になってしまっている証拠なのです。ただでさえ、漢字練習がおもしろくない作業になってしまっているのに、その上、強制的に書き直しを命じられるのです。こんなことを日々繰り返していくと、どんどん子どもたちの「やる気」を失わせるにきまっています。もちろん保護者に悪気は一切ないでしょう。自分の子どもが美しく正しい字を書けるようになってほしいと願ってのことです。しかし、書き直しを何度も何度も命じられた結果、自分は漢字が苦手なんだと思い込み、すっかり自信をなくしてしまう子どももいます。こうした指導は子どもを漢字嫌いにさせる要因の一つになってしまいます。特に漢字を覚えることに苦手意識をもっている子どもの場合は、細かい部分の指導は避けたほうがベターなのです。このようなあまり意味のないやり直しを何度も繰り返させられることで、子どもの漢字に対する興味関心はどんどん失われていきます。しかし、もっと深刻なことが起きる可能性があるのです。それは漢字だけでなく、学習することすべてに「やる気」を失ってしまうことにもつながってしまうかもしれないことです。

漢字練習の本当の目的は一体何なのでしょうか。一つひとつの漢字をていねいに書くことなのでしょうか。漢字を覚えることと、整って読みやすい字を書くことは、本来分けて考えるべきです。まずは漢字を読めること。そして、その次のステップとして書けること。これらをクリアしてから、最終ステップとして整った読みやすい字を書けるように指導していくことが大切なのではないでしょうか。極論をいうとパソコンが主役の時代、漢字なんてある程度書ければよいのではないでしょうか。

子どもが自律した学習者になるために子どもたちの「やる気」を削いでしまうことは大きなマイナスになってしまいます。なので、わたしは雑な字で練習している漢字ノートであってもやり直しをほとんどさせないことがあるのです。このような教師の思いをいかに保護者にわかりやすく伝えられるかがポイントなのです。

今回紹介させていただいたように、わたしの指導方法は従来の教育方法とは少しちがったものになっていると思います。だからこそ、実践の意図を保護者にていねいにわかりやすく伝えていくことが大切だと考えています。ここを蔑ろにしてしまうと、教師の意図が伝わらず、保護者の不安感が増し、一定ラインを越えてしまうと教師への不信感につながってしまいます。とくに一学期が大切です。一学期に保護者との信頼関係を構築することにコストをかけることで、二学期以降の保護者対応がグッと楽になります。

指示を出さない

わたしはあれこれと子どもたちにあまり指示を出しません。指示を出さない方が、子どもたちが主体的に行動してくれるようになります。教師が指示を出さなければ、必然的に子どもたちは自ら考えて行動せざるを得なくなってしまうからです。

授業中に子どもが何もせずにボーっとしていることがあるでしょう。また、友だちとぺちゃくちゃと私語をしていることもあるでしょう。そのとき、わたしは一方的に何をすべきなのかといった指導や指示を子どもにはほとんど出しません。まず、

「何してるの？」

と尋ねます。

まずは子どもの言い分をしっかりと聞きます。大人には見えない子どもたちの世界があり、子どもなりの言い分が必ずあるからです。「さぼる」といった行為も点でみれば指導すべき行為です。しかし、前後関係や人間関係などから「さぼる」といった行為を線や面で捉えると、実は指導すべき行為ではない可能性もあるからです。とは言っても、子どもたちもやるべきことをやっていないといった認識はもっています。そして、子どもの言い分をしっかりと受け止めた上で、

「わかった。じゃあ、今からどうする？」

と聞き、どうするのかを子どもたちに「自己選択」をさせます。もし、あまり好ましく

ない怠惰な「自己選択」をする子どもがいたとしても、それも一応は認めます。ただし、すべては認めさせません。自分のしたいことと今やらねばならないことの折衷案を子どもに考えさせます。

一方で、子どもたちには「自己選択」をする意義をていねいに伝えます。それが例え多くの人が怠惰だと感じる「自己選択」であってもなぜわたしが認めているのかといったことも必ず伝えます。ここをおざなりにすると学級が崩れてしまうリスクが高まる可能性があります。例えば、怠惰に思えるような「自己選択」を子どもがしたとします。それを教師が意図的に認めていると子どもたちが感じれば特段何の問題もないでしょう。しかし、教師がそれを意図的に認めていない、子どもの自由勝手気ままがまかり通ったんだと子どもが感じてしまうと教師の権威が一気に失墜してしまいます。そうなると教師の指示が子どもに入りにくくなってしまいます。教師の指示が子どもに入らなくなることで、子どもたちが個々に好き勝手な言動をとるようになり、学級の「秩序」が乱れ、学級がどんどん崩れていってしまいます。日本の小学校教育システムは良くも悪くも「学級担任制」です。ここが変わらない限り、一斉指導ベースであれ、協同学習ベースであれ、学びのマネジメントの主導権は子どもがもち、学級のマネジメントの主導権は教師がもっておく必要があると考えています。教師が学級の主導権を握れなくなって崩壊してしまった学級を何度か見てきましたが、子どもも保護者も教師も含めて、みんなが不幸になってしまっていました。

教師が学級の主導権をもつために

教師の思いや意図を学級内に浸透させる

ことがポイントとなります。

例え子どもが怠惰だと思われる「自己選択」をしたからといって、それが教師の教育的意図の範疇内であれば何ら問題はありません。教育的意図があればフォローやアドバイスができ、子どもたちの成長に結びつけられるからです。しかし、教育的意図がなく、ただ子どもの自由勝手気ままに「自己選択」させることはかなり危ういと言えます。子ども主体の教育を謳っている一部の若手教員はここをはき違えて、教育的意図があまりない、またはまったくないまがいものの子ども主体の教育をして火傷を負ってしまっているのです。

　わたしは他の場面でも子どもに「自己選択」をさせています。

「先生、問題解き終わったらどうしたらいいですか？」

「先生、身体測定終わったらどうしたらいいですか？」

「先生、新聞づくりがはやく終わったらどうしたらいいですか？」

「先生、村上さんと原さんと頃橋さんがケンカしてました」

　このように子どもたちは日々教師にどうすればよいのかを尋ねてきます。つまり、子どもたちは指示されないと動けなくなってしまっているのです。もちろんトラブルの大きさによってはわたしが積極的に介入します。しかし、わたしはこういった場面では、

「どうしたらいいと思う？」

　と聞き返すことがほとんどです。

　子どもは一瞬面食らったような顔をしますが、少し考えて自分の考えを拙いながらも伝えてくれます。ここでも可能な限り子どもの思いを受け止めます。教師は指示を出すことを我慢します。そうしないと、結局子どもたちは「指示待ち人間」になってしまうからです。まずは子どもの思いを受け止め、子どもがアドバイスを求めているようであればアド

バイスします。子ども自身で答えを出せたのであればそれを認め、大いに褒めます。

このように、教師からのアドバイスや指示はできるだけ少なくし、子どもたちに「自己選択」をさせるようにします。この教師の「不親切さ」も教師の思いや意図が学級内に浸透していれば何ら問題はありません。しかし、教師の思いや意図が子どもたちにうまく伝わっていなければ、教師への不信感につながりかねないといったことにも留意しておかなければなりません。自己決定が許される環境で自己決定の経験を繰り返していけば、人の脳はその動きに慣れていくのです。

ただし、ASDの子どもたちの中には「自己選択」が苦手だったり、指示が抽象的だと理解しづらい子どもがいます。そういった子どもたちには教師が個別にフォローをします。また、そういった子どもたちには、何か困ったことがあればすぐに教師や友だちに「助けてほしい」とヘルプを出すように伝えておきます。それをみんなでフォローし合える学級づくりをしたいと考えています。そしてさらに言えば、言語化は難しいのですが、フォローすることすらも強制し合わない「やわらかい」学級づくりをしたいと考えています。

プロジェクト型係活動

わたしは係活動をプロジェクト型にして進めています。

係活動は子どもたち一人ひとりの興味・関心に応じて取り組むことができます。しかし、どうしても係活動がマンネリ化してしまうことが多く、係によって活動状況にムラがありました。そこで係活動に「行事化」の要素を加えることにしました。この係活動の「行事化」についてもう少し詳しく書いていきます。

一ヶ月に一度お楽しみ会でそれぞれの係活動の発表会をすることにしたのです。どんな係活動に参加しても自由です。どんな発表をするかも自由です。もちろん、そもそも係活動に参加するしないも自由です。ただし、参加しないことを選択した子どもにはお楽しみ会のムードを盛り上げるために何かできることを考えてほしいと伝えます。もし、その子どもに司会などの仕事が振れそうだったら振ります。お楽しみ会にどのように携わるかは子どもたちの「自己選択」です。どのような「自己選択」をしても受け止めます。ここで子どもたちの「自己選択」を否定するようなことは決してしません。否定してしまうと子どもたちの中から「自己選択」するモチベーションが下がったり、教師の気持ちを汲んで教師に忖度してしまった「自己選択」を子どもたちにさせてしまうことにもつながりかねません。そうなると元も子もありません。教師も「寛容」な態度で接します。他人を傷つけていないかどうか。自分を大切にしているかどうか。ここの二点だけをしっかりと子どもたちに守らせます。

二回目くらいまでのお楽しみ会は教師が主導して実施します。それ以降のお楽しみ会は日程と配当時間だけを伝え、子どもたちにお楽しみ会の進行も委ねていきます。最初に教師が主導してお楽しみ会を進める理由は、型を子どもたちに伝える必要があると考えているからです。型がないと子どもたちはどのように会を進行したらいいかがわからず、会自体が何とも微妙なものになってしまうおそれがあるからです。そうなってしまうと子どもたちのモチベーションが一気に下がってしまいます。わたしたち大人ですら何も型を示されずにゼロベースから様々なことを考え、決め、実行することは難しいものです。

わたしの学級では係活動を会社活動と呼んでいます。『友だちも楽しい・自分も楽しい』

をコンセプトにそれぞれが自由に会社活動を立ち上げ活動をしています。途中で会社を畳んでも構いません。また、会社活動を途中で抜けても構わないことになっています。ここもお互いに「寛容」な気持ちをもって接していくことを大切にさせ、「ゆるやか」につながりあうことを意識させています。

以前担任した三年生では、ダンス会社・ピアノ演奏会社・教室デコレーション会社・マンガ会社・タイピング大会運営株式会社・ゲームエンジョイ会社・動画制作会社・絵本読み聞かせ会社・昆虫図鑑会社が立ち上がりました。

お楽しみ会の本番では友だちに見てもらうだけでなく、他の先生にも見てもらいました。ダンスやピアノなどは発表をみんなで鑑賞をし、マンガや図鑑などはギャラリーウォークをする。そして、ゲームや動画はGoogle Classroomで共有をしました。

さらに、お楽しみ会の発表の様子を動画で撮影し、それをQRコードにして学級通信に掲載し、保護者に伝えました。こうすることでお楽しみ会が「行事化」され、子どもたちの活動の質がぐっと上がります。また、お楽しみ会を「行事化」することで子どもたちのリフレクションの質も自然と上がり、子どもたちが自ら次に向けてどうすればよいのかを主体的にどんどん考えるようになっていきました。また、普段の学校生活では決して見えてこなかった子どもたちの姿がこのお楽しみ会を通して見えることができたこともわたしにとって大きな収穫の一つでした。

お楽しみ会でのタイピング大会の様子

動画会社が製作した映像集

【お楽しみ会の様子】

（タイピング大会の様子）　（ダンス会社の発表）　（動画会社の作った動画）

お楽しみ会の様子を伝えている学級通信

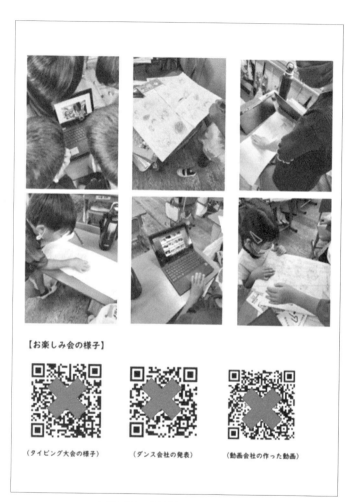

【発表動画】

（ダンス　発表動画）（ピアノ　発表動画）

【金曜日のふりかえり】

・今日のお楽しみ会で、楽しかったことはダンスをみんなで踊ったことです。さいしょは、みんなの前でやるのは緊張していて、できるかなと思っていたけどやってみるとすごく楽しかったです。さいしょは、笑っちゃいました。みんなすごく上手に踊っていてびっくりしました。練習のときには出せない結果を出して、本番にダンスをしているところを見て、すごいなーと思いました。[redacted]さんが、月曜日来てくれるので、そのときは、また、みんなの前で、ダンスを踊りたいと思います。もう一回したいなと思いました。次は絶対に、本物のダンスを踊ってみんなに見せたいです。すーーーーごく楽しかったです！　[redacted]さん

・私は今日お楽しみ会をしました。マンガ会社ダンス会社、そして自分と[redacted]ちゃんのピアノ（楽器大好き）会社です。ゲーム会社とかもあります。でもまだゲームが出来てなかったので発表してませんでした(；゜∀゜)プログラムは①マンガ②ダンス③ピアノでした。順番は最後でしたが緊張しました(・_・;)私が弾くまでに[redacted]ちゃんが大活躍してくれたおかげで炎を褒めてくれました!少し心配だったけど頑張れたから良かったです！次弾く曲は皆にネタバレしたくないので気づいた人もできれば言ってほしくないです。次すごく難しい挑戦をするので皆さんはお楽しみにしててください！そして、マンガ会社ダンス会社披露本当に素敵でした。次からもいいマンガやゲームやダンスを踊ったりつくったり書いたりしてほしいです。次の発表まで頑張ってね！応援していますよ！　[redacted]さん

・今日、おたのしみ会をやりました。ダンスが出来たか不安でした。でもみんながおうえんしてくれてうれしかったし、ちかげさんもみまさんもさつきさんもあいなさんもみんながんばっていました。七月もがんばります。　[redacted]さん

・今日、お楽しみ会でまんがを見せました。私のまんがが大人気だったのでうれしかったです！みんなのものもすごくすてきでした！　[redacted]さん

・お楽しみ会をやりました。お楽しみ会ですどの発表もすごく、ダンス会社の人たちは特にすごいなとおもいましたたのしかったです　[redacted]さん

・今日、お楽しみ会を３・４時間目にしました。自分はマンガがかけていなかったから今度のお楽しみ会までにはぜったいに見せたいです！今回はマンガ、ダンス、ピアノがありました。３年生になって一番楽しかったです。まだまだたくさんやりたいです！　[redacted]さん

・今日お楽しみ会をしました。一番すごかったのがダンス会社です。歌がいい歌でした。ずっと楽しみにしていたので、たのしかったです　[redacted]さん

・わたしはお楽しみ会で、ダンス会社やピアノ会社の発表、マンガを見ました。ダンスと、ピアノがうまかったです。うわ！めっちゃじょうずだ！すげーーーーーーーーーーーーーーwwwwwwwwwwwwww

奈良市立[redacted]小学校　3年2組　　令和[redacted]年6月15日

あっち こっち そっち どっち けせらせら！

第28号

第1回 お楽しみ会がかいさいされました

先日、第1回3－2お楽しみ会がかいさいされました。教室のかざりつけやしかいもみんながやってくれましたね！今回のお楽しみ会では各会社に1ヶ月間の活動のせいかを発表してもらいました。マンガ会社はにゃんこ大戦争をさんこうにしたマンガを作ってみんなにひろうしてくれました。ピアノ会社はピアノのえんそうをしてくれました。ダンス会社はダンスをひろうしてくれました。どの会社も本当にステキな発表をしてくれましたね。みんなと協力しながらコツコツ練習を積み重ねたり、じゅんびをすすめてくれたからこそ、どの会社もステキな発表が出来たと思います。そして、友だちの意外な一面も発見出来たのではないでしょうか？

会社活動をする中で様々なトラブルもあったことでしょう。それも一ついい勉強だと思ってください。各会社のみなさん。もっとこうすればよかったなと思ったこと、友だちとのトラブルで学んだことなどをいかして、次回のお楽しみ会ではさらにレベルアップさせた発表をき待しています！

自分のすきなこと、とくいなことをどんどん伸ばしていこうね！

お楽しみ会の様子をQRコードにして掲載した学級通信

学習方法を「自己選択」する

わたしは子どもに学習方法を選択させています。その際、認知特性を踏まえた学習方法を示し選択させています。

認知特性とは、目で見る、耳で聞くなどの五感を中心とした感覚器から入ってきた様々な情報を脳の中で「整理」「記憶」「理解」する能力のことです。人それぞれに認知特性の得意不得意は異なっています。つまり、同じ情報に触れたとしても、誰もが同じように理解しているわけではないのです。例えば、わたしの妻は歌を聞いたときに、メロディが先に入ってきて歌詞がなかなか覚えられないと言っていましたが、わたしはまったく逆です。メロディよりも歌詞が先に頭に入ってきます。

これらの認知特性は「視覚優位」「言語優位」「聴覚優位」の三つに分けられると考えられています。

視覚優位者：見た情報を処理する能力が高い人
言語優位者：読んだ情報を処理する能力が高い人
聴覚優位者：聞いた情報を処理する能力が高い人

先ほどの例で言うと、曲を聴くとき、歌詞を重視する人は「言語優位者」、メロディを重視する人は「聴覚優位者」ということになります。また、「歌詞もメロディも同じくらい好き」というようにいくつかの特性をバランスよく使っている人もいます。今の学校教育は「言語優位者」の子どもたちにとって学習しやすい環境だと言われています。

では実際に、認知特性を踏まえた漢字のテスト勉強の実践を紹介します。

一学期の間、国語の時間を少し使い、漢字のテスト勉強を子どもたちと一緒にしています。それは子どもたちを「自律」した学習者に育てたいと考えているからです。テストがあるとただ告知するだけでは決して「自律」した学習者には育ちません。一学期にていねいにこのプロセスを踏むか踏まないかで二学期以降の子どもたちの様子が大きく変わってきます。

そして、テスト勉強のやり方として

テスト勉強　↓　自分テスト　↓　分析

といったサイクルを子どもたちに意識させます。

まず、子どもたちにテスト勉強をさせます。漢字テストであれば次のような認知特性を踏まえた「学習方法」を示します。

視覚優位者：漢字のなり立ちブックや漢字を見て覚える本を活用する。タブレットで漢字の筆順アニメーションを活用する。漢字カードを活用する。部首などのパーツに分けて漢字を覚える。

言語優位者：漢字練習や計算問題をとにかくたくさんこなす。単語帳を活用して何度も書いて練習をする。

聴覚優位者：書き順を声に出しながら一画ずつ書いていく。
漢字のパーツごとに名前を付けてつぶやいて覚える。

※『下村式となえておぼえる漢字の本』シリーズは聴覚優位者におススメです。

奈良市立[redacted]小学校　3年2組　　令和[redacted]年[redacted]月[redacted]日

学級通信　**あっち こっち そっち どっち けせらせら！**

第36号

人生は一冊の本に似ている。何も考えていない人はそれをパラパラとめくっているが、
かしこい人はそれをていねいに読む。なぜなら、彼はただ一度きりしかそれを読むことが出来ないのを知っているからだ。

ジャン・パウル（一部改訂）

自分は何タイプ??

先生は４月からずっと自分にフィットする学習のやり方を見つけ、その学習方法がつかえるようになってほしいと伝えていますね。それが出来れば、これから先、みんなが大きくなってもずっとずっと役に立つからです。

人には大きく３つのタイプがあります。

漢字テストのテスト勉強の時間には、自分がどのタイプなのかを考えてもらい、それぞれのタイプに合った学習方法をチョイスしてもらっていますね。

手タイプ

とにかくたくさん書いて覚える！
自分テストをしてまちがえた漢字を何回も何回も書く！！
学校の学習や宿題は「手タイプ」にとって学習しやすくデザインされています。

目タイプ

タブレットで漢字の書き順のアニメーションを確認しながら漢字を覚える！
漢字をパーツ（部首ごと）にわけて覚えるのもOK！！

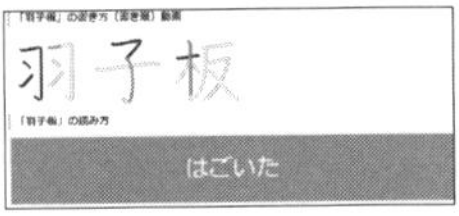

耳タイプ

書き順を声に出しながら１画ずつ書いていく！！
漢字を使って自分で物語風に
文章を考えて学習を進めるのもGOOD！

左の教ざいは、
まさに耳タイプの人に合わせてデザインされています！

自分のタイプをいしきした学習方法を積み重ねてきたせいかがみんなの中で少しずつ出てきていると感じています。１学期よりも漢字テストの点数がアップしている人がかなり出てきています。
もちろん、今やっている学習方法が何だかやりにくかったら、別のタイプの学習方法をためしてみてもいいですからね！タイプ別の学習方法がうまくはまると、短い時間の学習で大きなせいかが生まれます。４年生まであと半年。それまでにぜひ自分が何タイプかを見つけ、自分なりの学習方法をマスターしてくださいね。先生も全力でサポートしますので！

そうじ　がんばってくれています！

そうじもずいぶんがんばってくれるようになってきました。
だれが見てもピカピカなトイレ！めっちゃきれいだったので思わず写真をとっちゃいました！！
ほかのそうじ場所もトイレそうじにまけないようにピカピカにきれいにしてくださいね！

お誕生日をむかえた３年２組の友だちがいます！！

[redacted]さん　　10月12日

Happy Birthday!!

紹介した「学習方法」の中から自分に一番フィットしそうなものを子どもたちに「自己選択」させます。また、子どもたちに歌を聞いて一番頭に残るのは何なのかをたずねることで、子どもたち自身で自分のざっくりした認知特性を認識させることもできます。学習方法がフィットすると驚くほど子どもの点数が上がります。また、子どもたち自身で「学習方法」を開発する子どもが出てくることもあります。子どもたち自身で学習方法を「自己選択」することで、学習に対するやらされ感が少なくなり、子どもたちのモチベーションも上がります。わたしは他の授業をデザインするときにもこの視点を意識しています。認知特性がわかるアンケートもあるので活用してもよいでしょう。

テスト勉強が終われば、自分テストに取り組ませ、自己採点させます。多くの子どもたちの自己採点が間違っている傾向が見られるので四月、五月のあい

だは教師もチェックして、子どもたちの採点スキルを上げます。

　自己採点が終われば、子どもたちに○(正解)、△(何とかギリギリ正解・たまたま正解)、×(わからなかった)のチェックをテストにさせます。そして、×だった問題がなぜ不正解だったのか、間違いを分析させます。

　わたしの学級では間違いのタイプを「まちがい虫」といったもので分類しています。子どもたちには四種類の「まちがい虫」を紹介しています。

よんでへんとう虫	問題をきちんと読んでいなかった
わかっててバツ毛虫	わかってたのにうっかりミスをした（計算ミス　単位忘れなど）
わからないバチ	わからなかった
まにあわないチョウ	時間が足りなかった

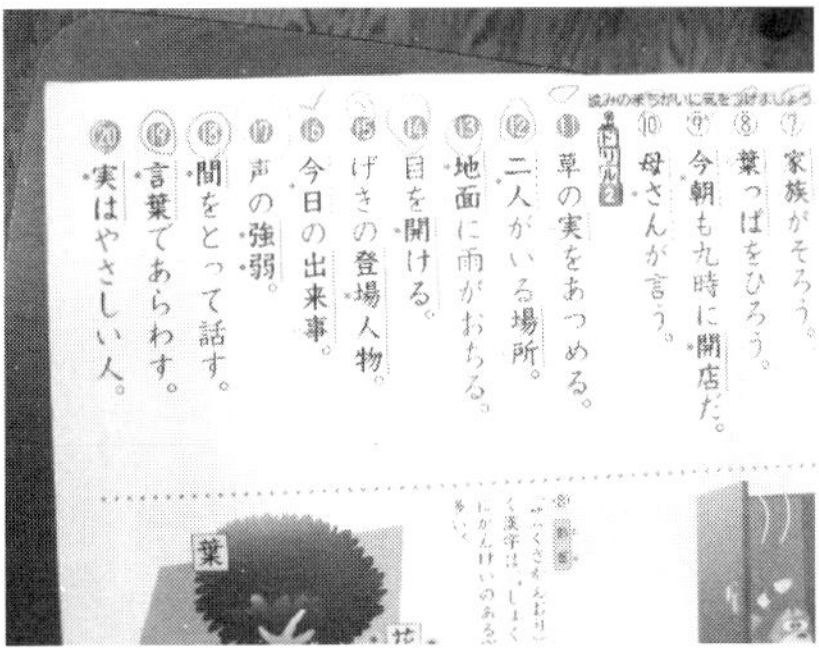

奈良市立[redacted]小学校　3年2組　令和●年●月●日

学級通信

あっち こっち そっち どっち けせらせら!

第18号

まちがいを分せきする!!

　3年2組の先日の社会のテストのけっかがあまりよくありませんでした。
　○つけをしながら先生は思わず「もん題をさいごまできちんと読んでないやん。もったいないな～」とひとり言を言ってしまっていました。もん題をさいごまできちんと読まずに×になってしまっている人がとても多かったのです。そのせいで10点以上点数が下がってしまっている人もチラホラ見受けられました。そこでみんなにはまちがいを分せきしてみようといった話をしましたね。
　まちがいにはおもに4つの×虫がいます。みんなにはそれぞれどのようにたいじをしたらいいかを考えてもらいますね。このまえ返ってきたテストの中にはどの虫がたくさんいましたか？よんでへんとう虫ですか？それともわかっててバツ毛虫ですか？わからないバチですか？それともまにあわないちょうですか？今日の算数のテストではまちがい虫をたいじして、この前よりいい点数がとれるようにがんばってくださいね！

まちがい虫のしゅるい	たいじの仕方
No. 1  よんでへんとう虫	
No. 2  わかっててバツ毛虫	

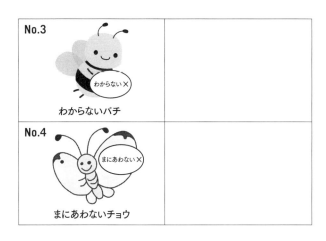

No.3  **わからないバチ**	
No.4  **まにあわないチョウ**	

そして、それぞれの虫をどのようにして退治すればいいかを個々に考えてもらっています。ここも教師がトップダウンでどうすべきかを伝えるのではなく、子どもに虫退治の方法を「自己選択」させています。

×になってしまった問題は一体どの虫のせいだったのかを子どもたちに分析させ、自分の間違えの傾向を子どもにメタ認知させることで子どもたちのケアレスミスも少しずつ減っていきます。その後、再び自分にフィットした「学習方法」を「自己選択」し、自分テストにチャレンジをして、間違いを分析していくといったサイクルを繰り返していきます。このサイクルは学習だけでなく、日常生活の様々なことに転用することができます。

学習課題を「自己選択」する

これからの時代の教育は「共主体」の教育に変えていくべきだと考えています。巷に溢れているほとんどの教育実践は「工場モデル」を前提としています。つまり、言い方が正しいかどうかはさておき、それらの教育実践はより高品質な人、いわゆるトップダウンで指示されたことを質高くこなせる人をいかに効率よく大量生産できるかといったツールだとも考えられるのです。しかし、課題先進国となってしまった日本では、前時代で高品質と評されてきた人よりも主体的に課題を解決できる人が求められるようになるのです。言われたことだけを言われた通りにするだけの人を育ててはいけないのです。「工場モデル」を前提とした教育と社会とのギャップはもはや埋められなくなってきた感すらあります。それが学級崩壊の増加、休職する教師の増加、子どもの不登校の増加、教員不足など節々にそのひずみとして出てきています。

教育の世界と社会とのギャップがますます大きくなってしまっている今、従来の教育を推し進めれば推し進めるほど教師も子どももますます苦しくなってしまいます。そういった状況下で教師も子どもも楽しみながら教育活動がおこなえるヒントが「共主体」の教育にあると考えています。

「共主体」の教育とは教師も子どもも主体になる教育です。子どもたちに知識やスキルを教師が教えるということは教師のみが主体になってしまいます。そのマインドを変えるのです。つまり、教師は子どもたちが成長できて夢中に取り組める教育環境を主体となってデザインするマインドに変えていくべきなのです。子どもたちには教師が準備した教育環境や課題を「自己選択」させて主体的に取り組ませます。教師は子どもの興味関心を喚起させて、子どもたち一人ひとりの可能性を見出す。そして、子どもたちの伴走者として教師は子どもたちの可能性を開花させていく役割を担っているのです。

「共主体」の教育を意識した授業とは一体どんな授業なのか。今回は国語の実践を紹介しようと思います。

まず教えるべき事項はしっかりと教えます。子ども主体の教育というとどうしても教師が何も教えないといったイメージをもつ人が多いかもしれませんが、決してそんなことはありません。ただし、ダラダラと教えずに要点を絞り、一斉指導の時間を短くすることを意識します。その際、雑学なども織り交ぜます。そうすることで子どもたちの学習するモチベーションが上がります。一斉指導を終えた後、子どもたちに準備した学習課題を「自己選択」をさせて取り組ませます。授業のはじめに単元計画のプリントを配布して子どもたちには単元の見通しをもたせます。

学習課題を「自己選択」した子どもたちは拙いなりに、学びのコントローラーを自分で持って一生懸命に学習に取り組んでくれます。

この授業をするにあたって、「活動あって学びなし」でないかといった声もあるかもしれません。しかし、学びをどのように捉えるかで見え方が変わってきます。学びを知識習得だけでなく、自ら主体的になって課題解決に向けて動くことも学びの一つだと捉え直すのです。国語の授業で子どもたちが取り組んだ学習課題の制作物をいくつか紹介します。

３．学習計画

予定時間	チャレンジかだい	自己評価（◎・○・△）
1	わからない言葉を調べる　登場人物をかくにんする 物語の場面わけをおこなう	（　　　）
2 3	三年とうげの物語の組み立てを考える	（　　　）
4 5 6	○好きな課題をえらぼう！ ・おじいさんの心の変化メーター ・三年とうげクイズブック ・三年とうげのイラスト ・音読劇 ・三年とうげおすすめ動画（sp） ・三年とうげ新聞 ・視写	（　　　） （　　　） （　　　）
7 8	それぞれの取り組んだものを発表し合う	（　　　）
9	三年とうげがどんな話だったのかをまとめる	（　　　）

４．MVP はだれですか？それはなぜですか？

三年とうげ

名前（　　　　　　　　　　）

1．たんげんの目標

【思考・はんだん・表げん】

物語のおもしろさを自分らしく友だちにつたえることができる。

【知しき・ぎのう】

① 物語のつくりがわかる。
② 物語のストーリーがわかる。
③ 三年とうげに出てきた新しく出てきた漢字や言葉の意味がわかる。

【自分から学習に取り組むたい度】

自分からすすんで学習に取り組むことができる。

2．自己評価

三年とうげの学習が終わったら自己さい点しましょう！

評価の観点	いいね！	まあまあ	うーん・・
自分らしく 友だちにつたえる （思考・はんだん・表げん）	三年とうげで学んだことをふだんの学校生活にどのように活用できるかを考え、まとめ、友だちや先生に説明できる。	三年とうげの主人公の気持ちの変化した理由をくわしく友だちや先生に説明できる。	まあまあまで行かなかった・・・
言葉・漢字 （知しき・理かい）	カラーテストのうらが９０点より上だった。	カラーテストのうらが６０点～８９点だった。	まあまあまでいかなかった・・・
物語文のつくり 内ようがわかったか？ （知しき・理かい）	三年とうげの主人公の気持ちの変化がおきた理ゆうを場面ごとにくわしくまとめることができる。	三年とうげの主人公の気持ちの変化が起きた理由をまとめることができる。	三年とうげの主人公の気持ちがどのように変化したのかをまとめることができる。
自分から学ぶ （自ら学習に取り組むたい度	自分から進んで学習に取り組んでいた。 たくさんの友だちときょう力して学習を進めていた。	少しサボってしまったが、がんばって自分から学習した。 決まった友だちとだけで学習を進めていた。	まあまあまで行かなかった・・・

三年とうげ　クイズブック　大豆のひみつ　ありの行列

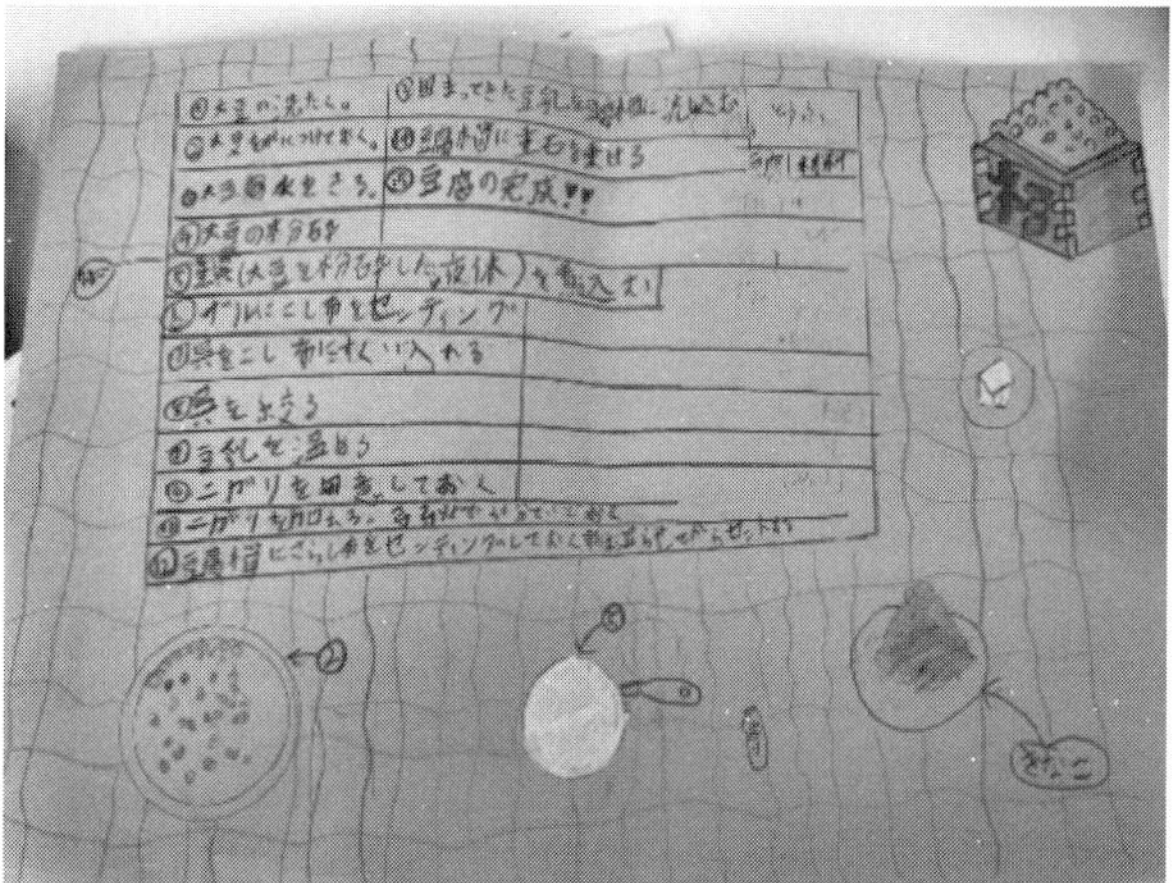

大豆のひみつ　豆腐のレシピ

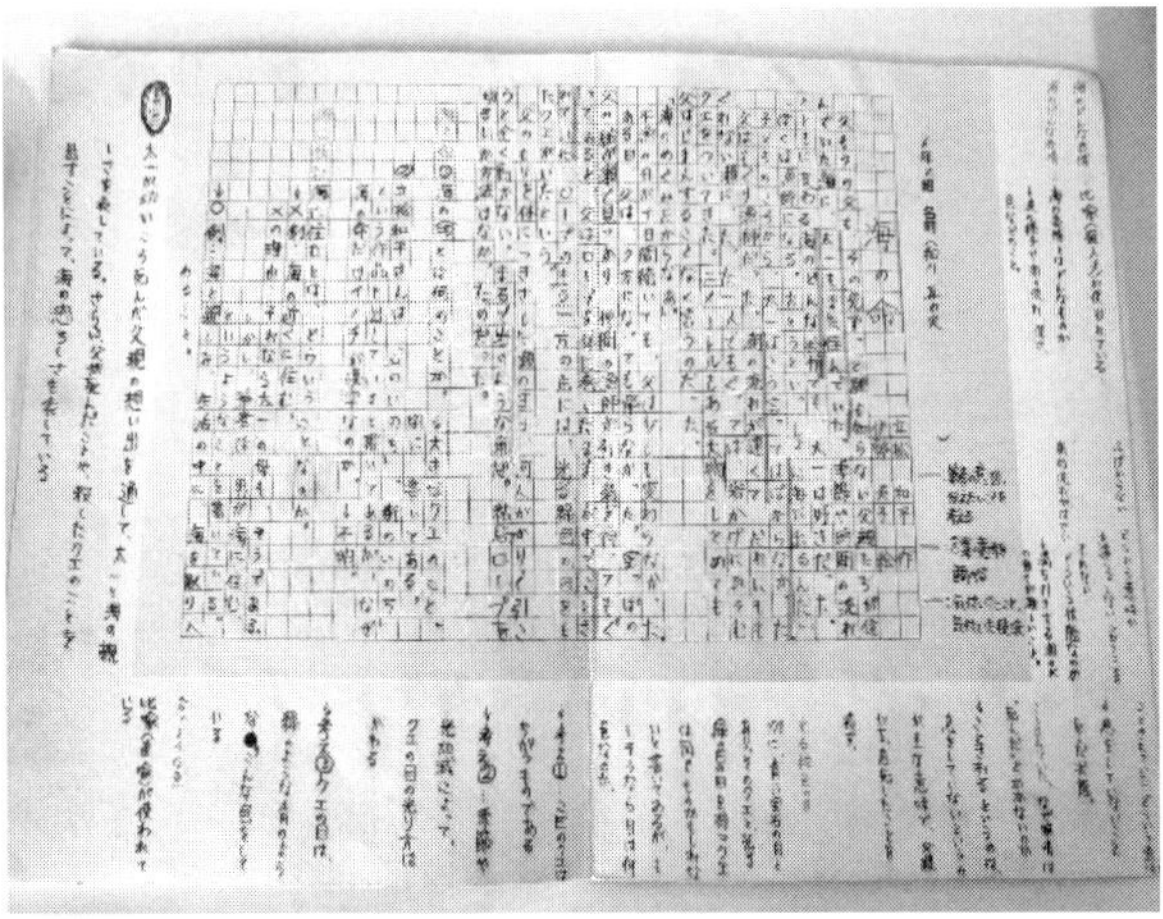

海のいのち　子どもの自力読み

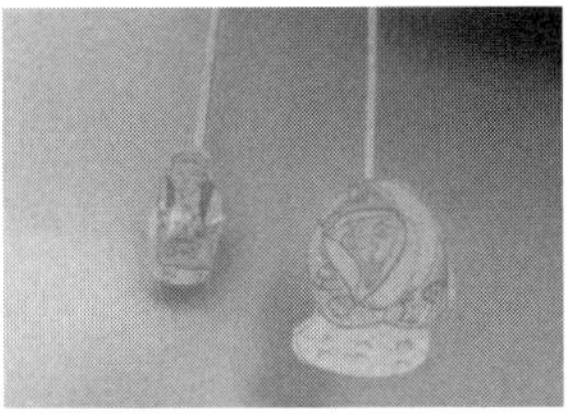

三年とうげ　ペープサート

三年とうげ　デジタル紙芝居

それぞれが趣向をこらして、課題に取り組んでくれています。わたしの想像の範疇を超えたものもたくさん出てきました。

他にも三年生の光村の教材である「まいごのかぎ」のアナザーストーリーを考えてくれた子どももいました。

まいごのかぎの秘密のお話

あの不思議な出来事から五年。

りいこはあのころとはちがって夢見がちではなくなっていました。でも、どうしてもりいこは、あの時のことがわすれられません。今日はたまたまあの時と同じがらのスカートをりいこははいていました。なぜだか今日はそわそわした気持ちで、りいこが何となくポケットの中に手を入れてみると、なんと、あのかぎがまたあったのです。りいこは、びっくりしてかぎをしばらく見つめているととつぜん目の前がキラキラ輝きだしました。すると、りいこはかぎの中に吸い込まれるように入ってしまったのです。

りいこが目を覚ますと、そこにはかぎの世界が広がっていたのです。かぎのバラの生えている花だん。かぎの草や木、山。かぎの車。そして、かぎの家が広がっていたのです！

りいこは、

「何？　ここは？　こんなところはじめてみた」

りいこは少しだけかぎの世界を散歩することにしました。しばらくすると、かぎあな商店街に着きました。すると、そこにはあのうさぎが友だちと遊んでいたのです。うさぎはりいこを見つけると、

「ここはりいこちゃんの世界なんだよ。何だかさみしいよね」

と教えてくれたのです。うさぎの姿が急にぼやけてきました。

「えっ？　どういうこと？　もう少しくわしく教えてよ」

と言った瞬間に目の前にあったマンホールにりいこはまた吸い込まれてしまいました。

気がつくと真っ暗な部屋に大きなつぼが一つだけあるなんだか不気味な場所に出てきました。りいこはこわい気持ちをおさえて、思い切って大きなつぼの中をのぞいてみました。

すると、またまわりがキラキラ光出して、そしてすぐに真っ暗闇になっていきました。

「さようなら」

どこかであのうさぎの声が聞こえたような気がしました。気がつくと、りいこはベッドの上に寝ていました。りいこは
「あれ？　ここは私の部屋…？　やっぱり夢だったのかな」
りいこは元の世界に帰って来ることができました。そして、二度とかぎを見ることも、かぎあなを見かけることも、うさぎも見なくなりました。

なかなかにおもしろいアナザーストーリーでした。「人生」について何だか考えさせられる内容で、わたしは思わずぐっとこの話の世界に引き込まれました。文章の体裁や誤字脱字などは指導しましたが、物語の内容などについては一切手を加えていません。逆にわたしの『まいごのかぎ』についての「解像度」を上げてもらうことができました

このように知識・技能は従来の一斉指導スタイルベースで学習を進め習得させる。そして、学習した知識・技能をもとに「自己選択」した学習課題に取り組ませていくといったサイクルで単元学習を進めています。評価は「思考コード」を参考にしておこなっています。「思考コード」とは、首都圏模試センターが提唱する学力の新基準です。横にA軸（知

識）、B軸（思考）、C軸（創造）、縦に単純・複雑・変容の三つの軸をとることでできる9マスのコード表のことです。「ザビエル問題」でわかりやすく説明されています。

「偏差値」ではどうしても総合的な思考力が評価できませんでした。「思考コード」はそのデメリットをカバーする子どもの学力の新観点としてが、近年は「偏差値」よりも「思考コード」が主流となってきています。

なお、学習課題に取り組む際、アナログでもデジタルでもどちらでもよいとしています。学習するツールも子どもたちに「自己選択」させています。先ほどの

（数）	（言語）		A 知識・理解思考（知識・理解）	B 論理的思考（応用・論理）	C 創造的思考（批判・創造）
変換操作	全体関係	変容 3	A3 ザビエルがしたこととして正しい選択肢をすべて選び年代の古い順に並べなさい。	B3 キリスト教の日本伝来は、当時の日本にどのような影響を及ぼしたのか、200字以内で説明しなさい。	C3 もしあなたが、ザビエルのような知らない土地に行って、その土地の人々に何かを広めようとする場合、どのようなことをしますか。600字以内で答えなさい。
複雑操作	カテゴライズ	複雑 2	A2 ザビエルがしたこととして正しい選択肢をすべて選びなさい。	B2 キリスト教を容認した大名を一人あげ、この大名が行ったこと、その目的を100字以内で説明しなさい。	C2 もしあなたが、ザビエルだとしたら、布教のために何をしますか？　具体的な根拠と共に400字以内で説明しなさい。
手順操作	単純関係	単純 1	A1 （ザビエルの写真を見て）この人物の名前を答えなさい。	B1 ザビエルが日本に来た目的は何ですか？　50字以内で書きなさい。	C1 もしあなたが、ザビエルの布教活動をサポートするとしたら、ザビエルに対してどのようなサポートをしますか。200字以内で説明しなさい。

思考コード　ザビエル問題

『まいごのかぎの秘密のお話』を書いた子どもは原稿用紙で書いたのではなくGoogleドキュメントで書き上げてくれました。

また、学習環境も子どもたちに「自己選択」させています。コロナ禍前まではわたしの教室には畳とこたつ机が置いてあり、そこで学習してもよいとしていました。また、認知特性を考慮してパーテーションやイヤーマフも準備し、活用するかどうかを子どもたちに「自己選択」させていました（P.２４９）。

教師が主となって子どもたちの数多ある個々のニーズに即した教育実践をすることが是であるといった風潮があります。このことに関して、わたしは半分賛成で半分反対です。教師が子どもたちの個々のニーズに即した教育実践をすることはもちろん大切なことです。しかし、何もかもを教師が一人で抱え込んでしまうと、時間も手間もかかりすぎますし、教師の負担があまりにも大きすぎます。何もかも教師一人で抱え込むのではなく、子どもたちに日々の教育活動に主体的に参画するといった意識を醸成させていくことが必要なのです。

「共主体」の教育を継続的に実践していくには、教師が徹底的な「個別対応」をしなければばならないといったマインドを変えなければなりません。教師が「ある程度の個別対応」をして、足らない部分を子どもたち自身でフォローをさせる。友だち同士でフォローし合う。こういったマインドに変えていくべきなのです。それが社会では当たり前の姿なのではないでしょうか。

最後に、今学校で当たり前におこなわれている教育が、社会ではまったく当たり前でないことを、教師は今一度認識しなければならないと自戒の念を込めて記して、筆を置こうと思います。

【参考・引用】

コラム　子供の学力の新観点「思考コード」を知っていますか？　首都圏模試センター

おわりに

最後まで本書をお読みいただき、本当にありがとうございました。

当たり前なのですが、教育って本当に奥が深くて難しいとつくづく思っております。

従来の日本の学校教育では「学校や教師が是とする一側面の価値観」と子どもの「言動」がたまたまミスマッチになっていただけで無意識に「劣等生」と判断されてしまうリスクがあります。もちろん、教育に「正解」なんてものはありません。従来の日本教育で大きく伸びる子どももいるでしょうし、反対に子どもたちが主体となって学習を進める教育方法で大きく伸びる子どももいるでしょう。大切なことは、わたしたちが様々な教育の在り方やスキルを知って、実践を積み重ねること。そしてたくさんの人と対話をすることなのです。そうすることで、わたしたちの「教師力」を高めることにつながるからです。わたしたちの「教師力」を高めることで、一人ひとりの子どもたちの成長や人生の選択肢を拡げることにもっと寄与することが可能になるはずだとわたしは考えています。

従来の日本教育の在り方・スキルとわたしが本書で述べさせていただいたこれからの時代の教育の在り方・スキルの「どちらか」ではなく「どちらも」なのです。もしかすると、本書の内容に少し違和感を覚える方もいるかもしれません。でも、それぞれに考えや意見があって当然だと思っています。みなさんの教育観は千差万別なはずだからです。むしろ、それが教師の多様性と教育の多様性にもつながっていくでしょう。そのことが、結果として日本の学校教育がもっと多様になり、子どもたちの多様性をもっと受け入れられることにもつながっていくことでしょう。本書がみなさんの「教師力」を少しでも高められる一助となれば幸いです。

最後になりましたが、編集担当の北山俊臣さんには大変お世話になりました。北山さんとは五年前に初めて出会いました。その場で、いつか二人で「おもしろい本」をつくろうと話をしていたことを、ついこの間のことのように思い出されます。今回、北山さんと本書を上梓できたことを本当に嬉しく思っております。また、本書を執筆中に次男が誕生し、公私とも忙しい中でも本書を上梓することができたのは、執筆に快く協力してくれた妻と長男のおかげでした。本当に感謝しています。ありがとう。

二〇二二年十二月吉日

小野　領一

プロフィール

小野領一

一九八四年、奈良県生まれ。

近畿大学を卒業後、大阪教育大学第二部へ進学。現在、奈良県公立小学校にて勤務。関西教育サークル「かれ笑らいす」代表。

子どもたちの授業態度や学力の低さ、非行などの問題行動が原因で教育活動が困難な状態になることが多い学校で勤務をしてきた。そういった学校では「教師と子どもたちとの信頼関係」と「子どもたち同士の人間関係」の構築を優先しなければならないことを強く感じた。そこから、奈良教育大学教職大学院に進学し、学習に関する指導行動ではなく、主にそれ以外の集団育成に関わる指導行動に焦点を当て二年間研究をおこなう。現在も「困難な学級での学級マネージメント」と「力量のある教員の指導方法に共通項はあるのか？」といったことについて研究を行っている。

著書に、『学級崩壊崖っぷちでも乗り切れる！　頑張らないクラスづくりのコツ』（明治図書）がある。編著や共著に『Ｗｉｔｈコロナ時代のクラスを「つなげる」ネタ７３』（黎明書房）『ロケットスタートシリーズ　学級づくり＆授業づくりスキル　学級通信』（明治図書）『教える 繋げる 育てる 授業がクラスを変える！ 学級づくりの3D理論』（明治図書）『気になる子を伸ばす指導』（明治図書）『ゼロから学べる仕事術』（明治図書）など他多数。ストレス発散方法は、コカ・コーラ ゼロを一気飲みすること。

「おのせん」としてインスタグラムで細々と実践を発信しています。もしよろしければ一緒に学んでいきましょう！

Neo classroom
学級づくりの新時代

2023（令和5）年2月28日　初版第1刷発行

著　　　者：小野領一
発　行　者：錦織圭之介
発　行　所：株式会社　東洋館出版社
〒101-0054　東京都千代田区神田錦町 2-9-1
コンフォール安田ビル 2 階
代表　TEL：03-6778-4343　FAX：03-5281-8091
営業部　TEL：03-6778-7278　FAX：03-5281-8092
振替　00180-7-96823
URL　https://www.toyokan.co.jp

装丁デザイン：國枝達也
本文デザイン：株式会社ダイヤモンド・グラフィック社
組版・印刷・製本：株式会社ダイヤモンド・グラフィック社

ISBN978-4-491-05143-7

Printed in Japan